PHILIPP SPIELBUSCH

«ICH HABE DAS INTERNET GELÖSCHT!»

Aus dem Alltag eines IT-Dienstleisters

Rowohlt Taschenbuch Verlag

Originalausgabe • Veröffentlicht im Rowohlt Taschenbuch Verlag,
Reinbek bei Hamburg, Februar 2017 • Copyright © 2017 by
Rowohlt Verlag GmbH, Reinbek bei Hamburg • Umschlaggestaltung
ZERO Werbeagentur, München • Abbildung FinePic®, München • Satz
Dorian PostScript, InDesign, bei Pinkuin Satz und Datentechnik, Berlin •
Druck und Bindung CPI books GmbH, Leck, Germany
ISBN 978 3 499 63189 4

INHALT

DER BUNDESTROJANER

«Was haben Sie gemacht?»

«Nix!»

Diese Antwort kommt immer als Erstes. Häufig so schnell, da habe ich das Wort «gemacht» noch gar nicht ausgesprochen. Die Kunden klingen dann wieder wie Schüler, die vom Lehrer beim Rauchen erwischt wurden und so tun, als wäre nichts gewesen, während ihnen die Wölkchen aus Nase und Ohren puffen.

Sogar Herr Grütering benimmt sich so, mein Stammkunde am anderen Ende der Leitung. Dass er die Schulbank gedrückt hat, ist sicher locker vierzig Jahre her. Heute gilt der tüchtige Hüne als einer der erfolgreichsten Familienunternehmer des Münsterlandes. Sein kleines Imperium für Brennholz und Heizöl führt er mit eisernem Regiment. Vor dem Rechner allerdings, da ist er wieder der sich verteidigende Neuntklässler.

«Ehrlich», sagt er, «ich hab nix gemacht!»

Mein Kollege Wulf trottet von der Werkstatt zum Empfang und zieht sich einen Kaffee an unserem Vollautomaten, dem ganzen Stolz des Büros. Wulfs Sorte ist bereits voreingestellt, aber er dreht trotzdem ein wenig am Regler. Im Graphik-Display der Maschine erscheinen die verschiedenen Getränke und Tassengrößen. Wulf schmunzelt. Er muss gar nicht hören, was der alte Grütering gerade sagt. Er weiß es auch so.

«Herr Grütering», sage ich, «wissen Sie noch, was Sie mir mal über Ihr Geschäft erklärt haben?»

Grütering stutzt.

«Über den Erfolg», helfe ich ihm auf die Sprünge.

«Ach so», erinnert sich der alte Grütering, und es knirscht, als er sich daheim in seinem alten Bürostuhl aufrichtet. «Ja, sicher, mein Junge. Erfolg ist das Ergebnis von Handlungen, nicht von frommen Wünschen. Deswegen heißt es auch Händler und nicht Wünscher.»

«Genau», stachele ich ihn an, «es ist wie in der Physik, haben Sie gesagt, wissen Sie noch?»

«Ursache und Wirkung!», ruft er.

«Sehen Sie», atme ich erleichtert aus, tatsächlich wie ein Lehrer, der seinem Schüler die binomische Formel aus der Nase zieht. «Und genauso ist das auch bei Computern. Die gehen nicht von alleine kaputt. Ursache und Wirkung.»

«Hm», brummt der alte Grütering, kurz und heftig. Es klingt, als sei ein Motorboot ohne Poller vor den Steg gefahren.

«Also, überlegen Sie noch mal. Was haben Sie gemacht?»

Grütering überlegt.

Er hat mich verstanden.

> GOLDENE REGEL IM UMGANG MIT KUNDEN:
> Hole den Kunden immer dort ab, wo er steht. Sprich in den Bildern und Gleichnissen seiner Lebenswelt.

In seinem braun vertäfelten Büro ruckt Herr Grütering seinen mächtigen Leib zurecht. Ich kenne den Kellerraum, weil ich dem Mann dort damals seinen Arbeitsplatz eingerichtet habe. Der riesige Landmarkt mit dem Holzverkauf und der Tankstelle, an der man mit dem Lkw oder dem Trecker sowohl

Heizöl als auch Diesel tanken kann, liegt nur eine Wiese weit von seinem rustikalen Wohnhaus entfernt. Sein Büro hat er bis heute nicht in den Betrieb verlegt.

«Und?», hake ich behutsam nach. «Wissen Sie jetzt, was Sie gemacht haben?»

Der alte Grütering schnauft.

Räuspert sich …

… und sagt?

«Nix!»

▬ BITTE ABSPEICHERN ▬

Jede Wirkung hat eine Ursache. Definitiv. Glauben Sie es mir. Lassen Sie den Gedanken zu. Sie müssen nicht aus Prinzip dagegen sein. Sie sind nicht mehr in der Schule. Ihr IT-Berater ist Ihr Dienstleister, nicht Ihr Lehrer. Sie sind Kunde und König, nicht Schüler und Prüfling. Lehnen Sie sich daher bei Computerproblemen zurück, atmen Sie tief durch und erinnern Sie sich daran, was Sie gemacht haben, bevor der Fehler auftrat. Es wird auch keine Strafarbeiten geben.

Da Gottfried Grütering mir bis heute nicht erlaubt hat, meine Software für die Fernwartung auf seinem Rechner zu installieren, verabreden wir uns für 14 Uhr in seinem Büro. Den Rest des Tages kann ich somit knicken. Denn selbst, wenn das Problem an sich nur eine Viertelstunde beanspruchen sollte, verlässt niemand die heiligen Hallen des Gottfried Grütering unter zwei Stunden Plauderei über den neuesten Klatsch und Tratsch im Dorf. Männlicher Klatsch und Tratsch selbstverständlich. Es geht um die Jagd, den Schützenverein und die erschütternde Tatsache, dass der lokale Fußballverein tatsächlich «den Hockenkamp» aus Bockum-Hövel geholt hat für unglaubliche 7500 Euro Ablöse, wo man doch eigentlich einen neuen Torwart bräuchte.

Ich nicke dann immer brav und trinke literweise Kaffee. Zwar verfolge ich grob, was die Nationalmannschaft so treibt und ob irgendein Verein den Bayern in der Bundesliga noch mal das Wasser abgraben kann, aber von Amateurfußball habe ich nun wirklich überhaupt gar keine Ahnung.

Um 14 Uhr beim Grütering, das heißt um 13 Uhr 30 losfahren. Jetzt haben wir zehn vor zwölf. Das wird knapp. Es ist noch viel zu tun. Sogar ohne Mittagspause, die Wulf und ich eh nie machen. Selbst zum beiläufigen Brötchenessen kommen wir selten. Meistens ernähren wir uns von Gummibärchen, dem ausgewogenen Haribo Color-Rado-Mix sowie den Nahrungsmolekülen aus den Essensresten, die wir in den Rechnern unserer Kunden vorfinden und aus Versehen einatmen. Wie heißt es so schön? Wo lagert der Deutsche sein Essen ein? 5 Prozent Speisekammer. 10 Prozent Auto. 25 Prozent Kühlschrank. 60 Prozent Computertastatur. Daher auch unsere Vorliebe für Haribo – Gelatine krümelt nicht.

Wulf fragt: «Was abnehmen?»

Eigentlich heißt dieser Satz: «Kann ich dir aufgrund der Tatsache, dass du nachher den halben Tag beim störrischen Grütering verbringen musst, hier noch etwas abnehmen?» Aber das wäre des Aufwands wahnwitzig zu viel. Wulf spricht nicht mehr als zwanzig Worte am Tag. Das ist nicht so dahergesagt. Das zähle ich, seit er in meiner IT-Firma als Partner und leidenschaftlicher Fachmann arbeitet.

Weil Wulf so wortkarg wie ein Wombat ist, arbeitet er die meiste Zeit in der Werkstatt an Rechnern, Laptops, Servern und Smartphones, während ich hinter der Empfangstheke mit dem Headset telefoniere. Ich bin die Stimme von PSC Drensteinfurt, der Kontaktmensch, die Plaudertasche. Dafür kann Wulf ohne zitternde Hand in ein hauchzartes Ultrabook Schräubchen eindrehen, die ich nicht mal mit bloßem Auge sehen kann.

Mit Computern beschäftigt er sich, seit er vier Jahre alt war. Als Junge besaß er den ersten Bausatz von Apple. Im Kaufhof seiner Heimatstadt ging er als Teenager freiwillig putzen, nur um die erworbenen Geldstücke noch vor Ort in den Videospielautomaten *Space Invaders* zu werfen, den der Besitzer damals in einer Ecke neben den Aufzügen aufgestellt hatte. Denkt Wulf an das Jahr 1986 zurück, fällt ihm nicht das Herzschlagfinale Deutschland gegen Argentinien bei der Fußball-Weltmeisterschaft in Mexiko ein, sondern die Ankunft des im Winter 1985 erschienenen Windows 1.0 in seinem Leben. Die fünf original 5,25-Zoll-Disketten, auf denen das Betriebssystem ausgeliefert wurde, besitzt er heute noch.

Ich sortiere mich. Auf meinem Schreibtisch liegen noch fünf dringende Aufträge. Zwei stehen auf einem karierten Block, zwei kleben in Form gelber Post-its am Bildschirm und einen habe ich auf die Rückseite eines Briefumschlags geschrieben. Trotz meines Berufs notiere ich Aufgaben am liebsten auf echtem Papier. Das Gefühl, sie als «erledigt» zu zerreißen, ist einfach unersetzbar. Heute muss ich also noch ganze fünf Aufträge in 100 Minuten schaffen. Da darf absolut gar nichts mehr dazwischen kommen.

Ich nehme mir den ersten To-do-Zettel zur Hand, als die Tür aufspringt.

«So, da ist er wieder!», ruft der junge Mann, der mit seinem Laptop in der Hand hereinstürmt. Er wedelt mit dem schmalen Gerät, als sei es eine Sonderausgabe der Tageszeitung mit besonders skandalösen Nachrichten. Der junge Mann heißt Jonas und ist Stammgast in unserem Büro. Stamm*gast*, wohlgemerkt, nicht Stamm*kunde*. Er hat keine Aufträge für uns, er hat Theorien. Die meiste Zeit verbringt er am Glastisch im Empfangsbereich.

Das ist natürlich kein Zustand. Doch jedes Mal, wenn Wulf und ich uns vornehmen, Jonas endgültig zu vertreiben, bringt er neue Haribo-Großpackungen mit. Oder Pizza. Ungefragt, aber genau zum richtigen Zeitpunkt. Man kann sagen: Ohne Jonas bekämen wir niemals etwas Warmes zwischen die Zähne. Jetzt ist Jonas jedenfalls da, und das bedeutet: Sämtliche zu erledigenden Aufgaben, die ich bis 13 Uhr 30 geschafft haben könnte, lösen sich mit einem «Puff!» in Luft auf.

Jonas stellt den Laptop auf den Glastisch und winkt mich heran. «Hallo, Wulf!», ruft er in den Nebenraum. Mein Kollege nickt stumm und zieht an seiner elektrischen Zigarette. Vor neun Monaten haben wir beide mit dem Rauchen aufgehört. Also, mit dem Tabakrauchen. Seitdem liegen im Büro die Duftschwaden der E-Liquids in der Luft, und zwar in den Geschmacksrichtungen Pfirsich-Eistee und Vanille.

«Pass auf, Philipp», sagt Jonas, «jetzt zeige ich ihn dir! Du wirst schon sehen, da bin ich gespannt, was du dazu sagst …»

Seit einem Jahr erklären wir Jonas, dass nicht sein kann, was er immer noch glaubt. Aber es hilft nichts. Jonas bleibt überzeugt davon, den Staatstrojaner auf seinem Rechner zu haben, die Spähsoftware der Behörden.

Jonas spricht immer noch vom «Bundestrojaner», aber das ist falsch. Was vor einiger Zeit als «Bundestrojaner» über die Computer erschrockener Nutzer geisterte, sie wegen «ungesetzlicher Tätigkeiten» sperrte und nur gegen eine Zahlung von 100 Euro wieder freigab, war natürlich keine Erpressungssoftware des Bundes, sondern eine raffinierte Malware privater Betrüger.

Das offizielle Programm der Bundesregierung zur Ausspähung von Rechnern heißt «Staatstrojaner» oder auch «Remote Forensic Software». Da es heimlich spionieren soll, öffnet es selbstverständlich keine blinkenden Fenster, die für seine eigene Entfernung Geld verlangen. Installiert werden darf es nur auf höchstrichterliche Anordnung und bei klaren Hinweisen auf drohende Terroranschläge oder Geiselnahmen.

Von Jonas geht allerdings keine Terrorgefahr aus. Und Geiseln zu nehmen, wäre ihm viel zu stressig. Jonas arbeitet als Schwimmaufsicht für Kleinkinder und hat keine Hobbys außer dem gepflegten Abhängen in unserem Büro und einer Menge haltloser Verschwörungstheorien. Das Schlimme an diesen Weltbildern ist, dass sie sich wie Kletten an einige echte Tatsachen hängen können. Das macht es so schwer, gegen sie zu argumentieren. Kein Virus dieser Welt kann sich so hartnäckig in einem Rechner verbeißen wie eine Verschwörungstheorie im Kopf eines Menschen.

Im Falle des Staatstrojaners besteht das Quäntchen Wahrheit, das Jonas gerne betont, darin, dass die amerikanische NSA beim Quellcode die Finger mit im Spiel hatte. Zumindest indirekt. Die US-Regierung hat die Entwicklung der Quellen-TKÜ-Software an die Firma CSC delegiert, deren Mutterfirma wiederum ein IT-Dienstleister der NSA ist. Sozusagen eine Art Philipp Spielbusch Computer der USA. CSC hat das Projekt geleitet, die Softwarearchitektur erstellt und den Quellcode geprüft, aber nicht geschrieben. Doch wenn Jonas einmal in Rage ist, gehen die Feinheiten oft unter.

TKÜ steht für «Telekommunikationsüberwachung». Bei einer Quellen-TKÜ darf der Staat nur eine Sorte von Daten beim beobachteten Bürger erheben, zum Beispiel nur die Mails mitlesen oder nur das Telefon abhören. Diese Minimalversion der Überwachungssoftware kann allerdings jederzeit durch das Nachladen weiterer Module ausgeweitet werden.

Ich gehe zum Glastisch. Jonas' Rechner ist hochgefahren. Er drückt gleichzeitig Steuerung, Alt und Entfernen und öffnet so den Taskmanager, der anzeigt, welche Programme und Prozesse gerade im Computer ablaufen.

Ich sage: «Jonas. Wir haben den Rechner siebzehn Mal überprüft. Wir haben sämtliche Tools durchlaufen lassen, alle Analysen, die es gibt. Du hast keinen Staatstrojaner.»

«Und was ist dann bitte das?»

Jonas zeigt auf die Liste der laufenden Prozesse. Sein Finger ist recht schmal dafür, dass er sich nur von Junkfood ernährt. Von der Pizzeria Luigi bringt er für uns drei grundsätzlich sieben bis acht Gerichte mit. Die siebzehn Suchdurchläufe auf seinem Rechner hat er uns nicht mit Geld, sondern mit Peperoni-Pizza, Tagliatelle in Schinkensahnesoße und Gnocchi mit Spinat und Gorgonzola bezahlt.

Seine Fingerspitze tippt auf einen Prozess namens ElbServer.exe.

«Da!», sagt er.

Ich zeige auf den Dateipfad des Programms, von dem Jonas glaubt, es würde seinen Rechner ausspionieren. Er lautet: C:\ProgramFiles\Sony\MediaGallery.

«Jonas. Was steht denn da? Da steht Sony. Das Programm

gehört zur Systemsoftware deines Laptops. Nicht zur Regierung.»

«Das habe ich wohl auch schon herausbekommen», antwortet er. «Aber die Frage ist doch: Was tut das Programm? Philipp?»

Ich habe den leisen Verdacht, dass er auch dies bereits selber nachgeschlagen hat. Er will, dass ich ihn beruhige. Ihm plausible Argumente dafür liefere, dass sich hinter der Datei keine geheime Verschwörung von BKA, NSA und dem Weltkonzern Sony versteckt.

«Ja nun, was macht es?», sage ich, wenig hilfreich. Ich kenne das Programm. Und ich weiß: Alles, was man zu ElbServer.exe sagen kann, wird Jonas' Paranoia nicht lindern.

«Es macht Probleme!», ruft Wulf aus dem Nebenraum, und ich merke mir, dass er inklusive seiner Frage von vorhin, ob er mir Aufgaben abnehmen kann, somit fünf seiner zwanzig Wörter für diesen Tag verbraucht hat.

«Danke für die Hilfe!», rufe ich in Wulfs Richtung zurück.

«Gerne!»

6 von 20. Langsam wird die Luft dünn für ihn.

Jonas runzelt die Stirn. Er liest viel, das muss man schon zugeben. Vor allem über Weltpolitik und Geschichte. In seine

Stirnfurchen sind sämtliche amerikanischen Verbrechen eingraviert. Der Krieg in Vietnam. Die Förderung des Diktators Pinochet in Chile. Die Atombombentests im Bikini-Atoll. Die Folterungen in Abu-Ghuraib. Gerne betont er, dass Donald Rumsfeld und George W. Bush in Europa mittlerweile rechtskräftig verurteilt seien und daher nicht mehr einreisen können, ohne vor Gericht zu landen. Stets nehme ich mir vor, es nach Feierabend nachzuschlagen. Aber ich habe Frau, Kinder und einen Beruf. Entweder man pflanzt sich fort oder man pflegt seine Paranoia.

«ElbServer macht im Grunde gar nix», sage ich, um das Ganze abzukürzen.

«Aha!», sagt Jonas, als habe er mich erwischt. «Das habe ich nämlich nachgeguckt, mein lieber Philipp, genau das! In der Tat. ElbServer macht absolut gar nichts! Es wird vom Betriebssystem nicht benötigt, ist unsichtbar und hat kein Impressum. Trotzdem startet es bei jedem Hochfahren des Computers!»

«Stimmt», pflichte ich ihm bei.

«Und es ist für nichts gut, richtig?», sagt Jonas.

«Richtig.»

«Es läuft und läuft und läuft ungefragt, hat aber keine Funktion?»

«Ja.»

«So», sagt Jonas, «und jetzt verrate ich euch Freunden des Tauchsports und der Schmetterlingskunde mal, was ich herausgefunden habe.»

Wulf steht auf und schlendert aus der Werkstatt rüber zu uns an den Glastisch. Seine E-Zigarette gibt ihr typisches Geräusch von sich. Ein kaum hörbares gluckerndes Knistern, wie das Flüstern einer Maus. Es ist unsagbar leise und klingelt dennoch kristallklar in meinen Ohren.

Jonas sagt: «Das Programm mag kein Impressum haben, aber es besitzt eine digitale Signatur. Und die stammt von welcher Firma? Na?»

Ich zucke mit den Schultern.

Wulf blubbert Pfirsich-Liquid.

«Von Verisign!»

Wir sehen Jonas an. Ich weiß nicht, worauf er hinauswill.

Wulf schon. Er nickt und sagt: «USA.»

7 von 20 Worten.

«Genau», sagt Jonas. «Verisign ist eine Tochtergesellschaft der RSA Security. Sitz in Reston, Virginia. Die haben Aktien im NASDAQ und gehören zu den 500 reichsten Unternehmen der Welt. Und ausgerechnet von denen prozessiert hier gemütlich ein Programm im Hintergrund, das angeblich zu meiner Sony-Systemsoftware gehört und nichts macht?»

Wulf zieht an seiner E-Zigarette. Die Maus flüstert. Jonas fuchtelt mit den Händen herum.

Ich sage: «Will jemand Haribo?»

«Ich sage es euch, Leute. Dieses Nichts, das ElbServer.exe macht, ist der Bundestrojaner! Passt auf, was ich noch herausgefunden habe: Der CEO von Verisign, Jim Bidzos, ja? Der Mann ist ein geborener Grieche, der perfekt Deutsch spricht und auch ausreichend Japanisch. Na? Was sagt ihr dazu? USA, Deutschland, Japan, Griechenland. NSA, BKA, Sony Corporation und das Land, dem wir Geld überweisen, obwohl seine Regierung ebenso wie ElbServer.exe als Gegenleistung gar nix macht! Was sagt ihr jetzt? Was sagt ihr jetzt???»

Wulf schmunzelt.

Ich setze mich vor den Laptop, entferne den Prozess aus dem Startmenü und sage: «So. Jetzt springt das böse Programm beim Starten des Rechners schon mal nicht mehr von selber an. Wenn es ganz runter soll, muss ich allerdings die Media Gallery deinstallieren.»

«Ja, weg mit dem Scheiß», ruft Jonas, «zeig es dem Syndikat, Philipp!»

Ich rolle mit den Augen, werfe das Programm zur Fotoschau von der Platte, reinige das Gerät in ein paar Minuten von sämtlichen Spuren der unnützen Dateien.

«Fertig», sage ich.

«Ja, wie?»

«Ist weg.»

«Das ist doch nicht weg, hör mir auf!», schimpft Jonas.

«Doch», sage ich. «Habe ich nicht zum ersten Mal gesehen. Ist weg!»

Ich denke an meine eigentlichen Aufgaben auf den Zetteln. An meinen Termin beim alten Grütering.

Jonas setzt sich an seinen Rechner, startet ihn neu, tippt sein Passwort ein, öffnet den Task-Manager und wirkt enttäuscht darüber, dass ElbServer sich tatsächlich nicht wieder von selber in die Prozessliste gesetzt hat, wie man es von einem hartnäckigen Schadprogramm erwarten würde.

«Ich sage doch: Ist weg. Weil's kein Verschwörungstrojaner ist. Ist nicht mal Malware. Die kann sich manchmal in solchen Dateien einnisten, aber dann hat der Rechner ganz andere Symptome.»

«Das kann nicht sein», sagt Jonas. «Die Gefahr ist nicht gebannt. Sie tarnt sich jetzt nur besser. So macht es der Amerikaner doch immer!»

Ich schüttele den Kopf.

Wulf setzt sich wieder in der Werkstatt an den großen Desktop-Rechner, den er gerade zusammenbaut. Früher nannte man uns Computerfritzen auch «Schrauber». Heute passt das nicht mehr so gut, denn es gibt kaum noch etwas zu schrauben. Der Verkauf klassischer Kästen und Türme geht zurück. Immer mehr Menschen nutzen wie Jonas einen Laptop als Hauptcomputer und das Tablet oder Smartphone als Zweitgerät. Die Tatsache, dass Wulf noch genug zu schrauben hat, liegt zum einen an ein paar wenigen Gamern, die Hochleistungstürme brauchen, um ihre Armeen bei *World of Warcraft* oder *Battlefield* zu befehligen, und zum anderen daran, dass wir hier genau inmitten der letzten Region leben, in der die Menschen noch «echte» Computer benutzen, weil das ländliche Westfalen dem Rest der Republik sowieso fünf bis zehn Jahre hinterherhinkt. Hier, wo mancher Schreibwarenhändler noch frisch verschweißte 3,5-Zoll-Disketten in der Büroabteilung hat und die Dorfvideothek noch ein Kontingent von 75 Leihfilmen auf VHS bereithält.

«Jonas, ich muss heute noch was anderes machen», sage ich und kehre hinter meinen Empfangstresen zurück. Unser Stammgast reibt sich an der Nase, hinter dem Ohr, am Hals.

«Gut», sagt er, «aber was ist mit listener.exe? Der Name sagt doch schon alles! Da tarnen die das Abhörprogramm ganz clever, indem sie mit dem Finger drauf zeigen, damit wir denken: Nein, eine Spionage-Software würde die Regierung niemals ganz offen unter dem Namen ‹Zuhörer› mitlaufen lassen.»

Ich hebe streng den Zeigefinger. Jetzt muss der väterliche Modus greifen, der meistens funktioniert, auch wenn Jonas nur zehn Jahre jünger ist als ich.

«Worauf haben wir uns geeinigt, Jonas?», sage ich.

Er lässt die Ohren hängen.

Es ist unglaublich, wie gut das funktioniert.

Einmal den alten Herrn in seinem Kopf aktiviert, reagiert er wie ein kleiner Junge. Es mag nicht fair sein, diese Schwäche bei ihm auszunutzen, aber irgendwann muss man auch mal zum Arbeiten kommen.

«Na?», ziehe ich es ihm aus der Nase. «Was haben wir gesagt?»

Jonas antwortet schmollend: «Nur eine Theorie pro Tag.»

Ich nicke gütlich und nehme den Deckel vom Haribo-Glas. Jonas steht auf und fischt sich sämtliche Himbeeren heraus. Das ist uns recht so, mit den Dingern können weder Wulf noch ich viel anfangen.

Jonas kaut, geht zum Glastisch zurück und klappt seinen Laptop zu.

Wulf sagt nebenan: «Oh.»

Das sagt er immer, wenn ihm eine dieser winzigen Schrauben heruntergefallen ist.

Und wie immer frage ich mich, ob «Oh!» als Wort zählt, und nehme den ersten To-do-Zettel zur Hand.

«Blau!», ruft Wulf aus der Werkstatt, doch ich höre es kaum. Also, ich höre es schon, aber ich ziehe keine Schlüsse aus dem Wort. Meine Gedanken kleben an der Frage, wie viele Stunden ich dem alten Grütering unterm Strich tatsächlich berechnen soll. Ganze drei Stunden habe ich gestern in seinem dunkel vertäfelten Heimbüro hinterm Holzmarkt verbracht. Zwanzig Minuten davon brauchte ich, um sein Computerproblem zu beheben. Der Rest war Small Talk über die Dorfgemeinschaft und den Fußballverein. Herr Grütering hat ein sehr einnehmendes Wesen.

Beate kommt mit dem Putzeimer aus der Werkstatt und geht quer durch den Empfang Richtung Tür. Unsere Toilette samt Waschbecken und Spüle befindet sich auf dem Flur. Im Flur selber stehen große Regale, in denen sich ausgemusterte Rechner und Laptops sammeln. Die Brüder Josip und Milan holen sie einmal im Monat ab und schlachten sie in einer Scheune ordnungsgemäß zwecks Kupferrecycling aus.

Unsere Firma belegt die ganze obere Etage dieses Hauses am Kreisverkehr. Unten betreibt Volker Claßen seine Druckerei für Flugblätter, Speisekarten, Serienpost oder Bücher in Kleinstauflage. Auch das lohnt sich noch auf dem Land, während der Städter sein Druckwerk längst im Internet bestellt.

Bevor Beate die Tür öffnet, um neues Putzwasser zu holen, zeigt sie Richtung Werkstatt zurück: «Hast du gehört? Wulf sagt, der Bildschirm ist schon wieder blau.»

Ich hebe den Kopf von Herrn Grüterings schwer kalkulierbarer Rechnung.

Beate ist die Reinigungskraft unserer kleinen beruflichen Männer-WG. Die Geduld in Person. Hier zu putzen ist wahrlich kein Spaß. Freie Flächen existieren im Grunde nicht. Deswegen putzt Beate vor allem jede Woche die Fenster. Wenn das Fenster klar ist, ist das Leben klar, sagt sie immer. Dann stimmt der Durchblick.

Unsere Küche, diesen Horror hinter der Tür neben meiner Theke im Foyer, muss sie nicht mehr putzen. Darauf haben wir uns geeinigt. Eigentlich war die Küche dafür gedacht, in ihr zu frühstücken oder gar Mittag zu essen und würdevoll am Tisch Pause zu machen. Mit Tellern, Messer, Gabel und dem Blick auf das alte Wohnhaus am Ende des Rasens, dessen gusseisernes, verziertes Geländer am acht Meter langen Balkon so aussieht, als könne jeden Augenblick eine Baronin im wallenden Kleid hinaustreten und über ihre Ländereien blicken.

Das war der ursprüngliche Plan für die Küche. Das Ideal. In der Wirklichkeit muss jeder, der diese Tür öffnet, denken: Aha! Der Philipp und der Wulf glauben also, dass eine Küche nicht zum Kochen und Essen geschaffen wurde, sondern dafür, bis an die Decke mit alten Kartons vollgestellt zu werden. Mit Plastikkisten von IKEA. Mit Leergut. Brettern. Isomatten. Defekten Stehlampen. Abgelaufenen Lebensmitteln, leeren Bierkästen. Mit Spiegeln. Fahrradreifen. Teppichen.

Wer diese Tür öffnet, kommt zu der Überzeugung: Der Philipp und der Wulf, die wollen mit ihrer Küche überhaupt nicht glücklich sein, um 12 Uhr 30 wie die Spießer am Tisch sitzen und beim Essen die Baronin auf dem Balkon beobachten. Nein. Die wollen, dass man seinen Körper nur noch gerade so in den Raum hineinmanövrieren kann, dass man klettern und staksen und mit spitzem Finger tasten muss, bis einem die Bewegungen in dem Wimmelbild in Fleisch und Blut übergehen und man jeden Schritt dieser Besteigung bis ins Kleinste beherrscht.

Deswegen darf kein Kunde jemals diese Küche betreten und deswegen soll Beate darin erst wieder putzen, wenn wir sie richtig aufgeräumt haben. So lautete neulich die Vereinbarung. Vor rund vierzehn Monaten. Seither ist es hinter der Tür zur «Teeküche», wie wir sie liebevoll-nostalgisch nennen, nur noch schlimmer geworden.

Ich danke Beate für die Information darüber, was Wulf gerade macht, wuchte mich aus dem Schreibtischstuhl und gehe nach nebenan. Auf einem Tisch bearbeitet Wulf gerade einen großen, aufgemotzten Gamer-PC. Der Kunde ist kein Teenager, sondern 47 Jahre alt, ledig, Jurist. Wann immer er vom Gericht nach Hause kommt, taucht er ins Schlachtengetümmel ab, in dem er die Schurken einfach so erledigen darf und kein Schuldiger der eigenen Kanone entfliehen kann. Wulf darf also guten Gewissens schrauben, ohne die Schuld auf sich zu laden, die Sucht eines jungen Menschen zu fördern, der durch die ganze Zockerei seine Ausbildung vergeigt.

Neben dem Turm liegen die geöffneten Verpackungen der Komponenten. Wulf hat das Gerät mit der allerneuesten Hardware gefüllt, die es auf dem Markt der Sound- und Graphikkarten gibt. Ihn bei der Arbeit zu beobachten, ist beruhigend. Wenn Wulf klassisch schraubt, wirkt das wie eine Übung in Versenkung und Gleichmut. Das Buch *Zen oder Die Kunst, ein Motorrad zu warten* hätte auch *Wulf oder Die Kunst, einen Computer zu warten* heißen können.

Der andere Rechner, der auf dem Tisch unter der Dachschräge steht, macht uns allerdings schon seit Tagen Sorgen.

Wulf zieht am Pfirsich und sagt erneut: «Blau.»

Würden ganze Sätze CO_2-Ausstoß verursachen, könnte er das Weltklima im Alleingang retten.

«Das gibt es doch nicht», sage ich.

Wulf kratzt sich hinterm Ohr.

Noch nie hat uns ein Computer so ratlos gemacht wie dieser wunderschöne Tower einer sehr solventen Kundin, den wir vor rund einem Jahr individuell für sie zusammengebaut haben. Schwarzes Gehäuse aus gebürstetem Stahl, verchromte Rollen, die Schrauben elegant versenkt. Ein Prachtstück. Doch jetzt friert jedes Mal das Betriebssystem ein und zeigt einen blauen Bildschirm mit traurigem Smiley, obwohl die Analyseprogramme, die wir bislang laufen ließen, behaupten, dass die Festplatte, physikalisch betrachtet, vollkommen in Ordnung sei.

Ich sage: «Gib ihm noch mal den Stick.»

Das klingt versaut, ich weiß. Analyseprogramme, die das Dateisystem auf einer Platte aufs Genaueste analysieren können, ohne dass dafür das Betriebssystem hochfahren muss, sind auf USB-Stäbchen gespeichert. Es gibt sehr viele davon. Noch haben wir nicht alle ausprobiert.

Wulf geht zu der winzigen Steckleiste, die er selbst gebastelt hat und in der sämtliche USB-Sticks mit den mächtigen Programmen stecken. Fein säuberlich nebeneinander, wie ein winziger Messerblock. Wir Computermänner können ordentlich sein. Wenn's um Computer geht.

«Philipp!», ruft Beate aus dem Badezimmer. So nenne ich es, obwohl das für einen nicht beheizten, eiskalten Raum mit altem Linoleumfußboden in der Farbrichtung Nasenpopel-Gelbbraun natürlich ein Euphemismus ist.

Wulf zieht die Augenbrauen hoch. Er ahnt, was Beates Tonfall bedeutet. Jetzt gibt's Ärger. Denn wie jeder weiß: Eine gute Putzfrau erkennt man daran, dass sie sich benimmt wie früher die eigene Mutter.

Ich gehe zum Bad.

Beate steht vor der Spüle und zeigt auf den Siphon.

Ich gucke.

Einst Stahl und Schraube, sieht man jetzt nur noch Krümel und Haar. Beate sagt: «Das musst du mir jetzt mal erklären, Philipp.»

Ich stülpe die Lippen vor und wechsle jede Sekunde das Standbein.

Beate sagt: «Nun?»

«Das war ein Kunde!»

«Ein Kunde?»

«Ja, auch Kunden dürfen hier aufs Klo.»

«Ein Kunde hat also seine ganzen Haare hier in eure Spüle gerieselt und noch eine alte Schale Haferflocken mit dicker Milch drübergeschüttet?»

«Du glaubst nicht, was wir hier erleben, Beate.»

«Ein Kunde kam, holte seinen reparierten Rechner, trug ihn ins Auto und dachte sich: Ach komm, gehe ich wieder rauf und rasiere mich mal heimlich in Philipp Spielbuschs Firmenbad? Ich habe ja sowieso meinen Kulturbeutel dabei?»

«Ich habe schon Männer am Waschbecken bei McDonald's sich rasieren sehen.»

Beate schüttelt den Kopf und zieht sich mit angewidertem Blick gelbe Latexhandschuhe über.

Ich denke mir: Eigentlich müsste ich arbeiten.

Beate sagt: «Ich bin eine gütige Frau.»

Am Tresen klingelt das Telefon.

Gottlob. Dankbar eile ich zum Hörer.

«Philipp Spielbusch Computer, Spielbusch am Apparat, was kann ich für Sie tun?»

«Das Netz ist weg!»

Die Stimme poltert aus dem Hörer wie eine Geröllawine im Sauerland. Sie gehört Dieter. Dieter ist ebenfalls Dauerkunde, wie Herr Grütering. Zwanzig Jahre jünger als der Brennholz-Mogul, aber dafür noch zwei Köpfe größer. Ein Riese mit dem Kopf eines Boxers und seltsam seitwärts flüchtenden Augen, die so weit auseinanderstehen wie bei einem Reptil. Er betreibt *die* unabhängige Autowerkstatt der Gegend. Wer wenig Geld hat, nur Gebrauchtwagen fährt und daher nicht zu einem Vertragshändler geht, bringt seinen Wagen zu Dieter. Dort wird er dann beschimpft und beleidigt, verspottet und aufgezogen. Wie damals auf dem Schulhof. Trotzdem geht jeder zu Dieter, diesem Golem, den man statt aus Lehm aus alten Motorteilen zusammengesetzt hat.

Wenn Leute mit ihren Autos zu ihm in die Werkstatt kommen, erwartet er von ihnen eine exakte Beschreibung der Fehler samt korrekt benannter Lokalisierung im Motor. Weiß ein Kunde nicht, was Nocken, Zylinder, Ventile oder Steuerketten überhaupt sind und wo sie sich befinden, können sie sich seiner Verachtung sicher sein. Er kann nicht begreifen, wie jemand ein Auto bewegen kann, «ohne auch nur das Geringste über diese geniale Maschine wissen zu wollen». Leider ist Dieter noch niemals auf die Idee gekommen, diese Ansprüche auf sich selbst und die geniale Maschine zu übertragen, die im Büro seiner Werkstatt steht und ein paar Billionen Berechnungen in der Minute anstellen kann.

«So eine Scheiße!», schimpft er wiederholt so laut, dass man es rauf bis nach Münster hören kann. «Das Netz ist weg!»

«Das Netz ist noch da», sage ich besänftigend, während ich mein Headset zurechtrücke, mit dem ich telefoniere, um die Hände frei zu haben, «es kommt nur nicht mehr bei dir an.»

«Was denken die sich eigentlich dabei? Hä? Wie stellen die sich das bitte schön vor?»

Das ist Dieters zweite Schwäche neben seiner Ungeduld mit der Kundschaft. Immer, wenn er sich aufregt, richtet er seine Wut gegen *die*. Wer genau *die* sind, kann er mir bis heute nicht erklären. Zumindest in dieser Hinsicht hat unser Verschwörungstheoretiker Jonas ihm etwas voraus. Dieter ist kein Rassist oder so was. *Die* sind nicht als Volksgruppe zu fassen. Auch nicht als Klasse, Berufsstand oder Institution. *Die* sind einfach alle, die Dieter aufhalten und «keine Ahnung» haben.

«Die haben doch keine Ahnung!», blafft Dieter dann auch in den Hörer, vorhersehbar wie der Laufweg einer Spielfigur in einem uralten Computerspiel.

«Keiner von denen weiß doch, wie es ist, eine Werkstatt zu leiten. Der Mittelstand wird immer nur ausgenommen! Bis Juni arbeite ich im Grunde vollständig für den deutschen Staat. Und ab Juni dann für Griechenland. Früher ist man im Juni nach Griechenland geflogen, um sich an den Strand zu legen. Heute fängt man ab Juni an, für die Griechen zu malochen. Und im Herbst dann für Spanien und Zypern. Im Grunde verdiene ich nur noch im Dezember!»

Dieter muss man bremsen. Maßlos schweift er stets ins Allgemeine ab.

Dieter hat Bluthochdruck. Dieter hat Rücken.

«Dieter!», unterbreche ich seine Tirade, «zieh den Stecker von der Fritz!Box ab und warte dreißig Sekunden.»

«Wieso dreißig?», fragt er.

«Dreißig ist besser als die fünfzehn Sekunden, die sonst immer empfohlen werden», sage ich. «Nur dann ist wirklich der ganze Reststrom aus der Box. Denk's dir wie einen Motor, der erst mal abkühlen muss. Den packst du auch nicht sofort an, wenn der Kunde hundert Kilometer Anfahrt hatte.»

▬ RESTSTROM ▬

In jedem Gerät verbleibt nach der Trennung von der Stromquelle eine gewisse Menge Reststrom in Form von Spannung, die sich erst langsam abbaut. Nimmt man den Router vom Strom, ist es wichtig, dass die temporären Daten darin durch den Neustart auch tatsächlich verschwinden, damit die Box frisch und «leer» wieder hochfahren kann. Reststrom verhindert das. Die Spannung reicht aus, um das Kurzzeitgedächtnis des Geräts noch mindestens 15 Sekunden aktiv zu halten, bevor es wie gewünscht die Daten vergisst. Wer den Stecker vor lauter Ungeduld nach wenigen Sekunden wieder einsteckt, kann sich den Neustart auch gleich schenken.

Dieter grummelt und mosert, doch es klingt, als würde er unter den Schreibtisch kriechen. Etwas rumpelt, fällt um. Dieter stößt sich den Kopf, der nur noch einen gräulichen, kurzen Mönchshaarkranz hat.

«Mann!», poltert er dumpf unter dem Holz. Der Hörer liegt wohl noch oben auf dem Schreibtisch. Ich zähle mit. Dieter hat die Geduld für 18 Sekunden. Immerhin. Es rappelt. Es raschelt. Seine Stimme kehrt zurück in den Hörer.

«So, ganze 36 Sekunden! Jetzt zufrieden?»

«Ja, Dieter …», seufze ich.

«Ey!», brüllt er, nicht an mich gerichtet, sondern in die Werkstatthalle hinein, die direkt hinter seiner Bürotür beginnt.

«Dennis! Das sind nicht die Räder vom Ochtrup! Nein! Die liegen da hinten! Ja. Lies die Zettel, verdammt!»

Es knistert.

«So, bin wieder da.»

«Und das Netz?», frage ich. «Ist das auch wieder da?»

«Nein. Warte. Doch. Nein.»

«Okay», sage ich, denn ich weiß tatsächlich, was das heißt. Es bedeutet, dass sein Rechner rechts unten zwar eine volle Verbindung mit allen Signalstrichen anzeigt, aber gleichzeitig trotzdem «Kein Internetzugriff» herrscht. Ein Phänomen, das die meisten Kunden heillos verwirrt.

Daher habe ich mir eine Menge Vergleiche zurechtgelegt, um es je nach Lebenswelt des Kunden individuell erläutern zu können. Ein ganz neuer ist mir gestern eingefallen. Ich freue mich schon drauf, ihn jetzt das erste Mal zu benutzen. Im Badezimmer stößt Beate Schimpfworte aus.

«Lass mich raten, Dieter», sage ich. «Wenn du unten rechts mit dem Zeiger auf die Signalstriche gehst, heißt es, du bist verbunden.»

«Die gleiche Scheiße wie beim letzten Mal. Angeblich bin ich verbunden, aber ich kann keine Seite öffnen.»

«Du bist nicht *angeblich* verbunden, du *bist* verbunden.»

«Das kann ja gar nicht sein!»

Ich schmunzle, rolle mit dem Schreibtischstuhl nach rechts, nehme den schwarzen Edding, der dort an der Kordel neben dem Clipboard hängt, und mache einen Strich neben «*Das kann ja gar nicht sein!*». Auf dem Clipboard neben dem Kaffeeautomaten zählen Wulf und ich die häufigsten Sätze und Ausrufe von Kunden. Eine sehr unterhaltsame Statistik. «*Das kann ja gar nicht sein!*» arbeitet sich langsam Richtung Top 3 vor. Nummer eins ist immer noch: «*Ich hab nix gemacht!*»

«Doch, Dieter», sage ich. «Das kann sein. Du bist mit dem Netz verbunden, hast aber keinen Zugriff mehr darauf.»

«Das kapiere ich nicht», schimpft er. Seine Worte klingen wie Sturm an zerklüfteten Felsen. «Das kann kein normaler Mensch begreifen.»

Prima. Jetzt kann ich meinen neuen Vergleich anbringen. Bei Dieter ist der gut anzuwenden, denn Dieter hat Kinder in der Pubertät. Mark ist 17 Jahre jung und Ella gerade 15 geworden.

«Dieter», sage ich, «das ist wie bei deiner Tochter. Du hast weiterhin eine Verbindung zu ihr, aber keinerlei Zugriff mehr.»

Dieter schweigt.

Wow. Da habe ich wohl den Nagel auf den Kopf getroffen.

Dieter sagt: «Das Internet kommt aber nicht wieder angelaufen, wenn ich ihm zwei Monate lang kein Taschengeld bezahle. Im Gegenteil, würde ich vermuten.»

Touché, denke ich.

Und weiß, dass es nun anstrengend wird. Was ich ihm jetzt erklären muss, hat er zwar schon mal gemäß meiner Anleitung am Telefon gemacht, aber wie jeder Kunde sicherlich vergessen und niemals notiert. Notizen macht sich nur der gute Jonas, wenn auch die falschen. Immerhin stellt er keine Frage zwei Mal.

«Dieter?», frage ich, voller Hoffnung, dass ein kompetenter Kfz-Mechaniker sich auch an so etwas erinnert.

«Ja?»

«Weißt du noch, wie wir damals den Bezug der DNS-Serveradresse wieder richtig eingestellt haben?»

«Was für'n Ding??? DNS? Das haben wir in den Genen!»

Also nicht.

«Wenn man Verbindung hat, aber keinen Zugriff», erkläre ich geduldig, «dann hat sich von selber verstellt, dass dein

Notieren Sie die Schritte, die zur Behebung häufig auf-
tretender Fehler nötig sind, in ein Büchlein, das Sie nur für
Computerfragen anlegen. Schreiben Sie die Maßnahmen
so auf, dass Sie sie auch später noch verstehen. Von dem
verlorenen Zugriff aufs Internet, über den Drucker, der nicht
mehr angesprochen wird, bis hin zu verwirrenden Verstel-
lungen bei Word, die durch versehentlich gedrückte Tasten-
kombinationen entstanden sind. Alles in allem lassen sich die
üblichsten Alltagsprobleme am Rechner auf 20 bis 35 leicht
zu behebende Phänomene herunterbrechen.

Denken Sie nicht: Ach, wenn der Fehler auftritt, kann ich
das ja alles im Internet nachschlagen. Oder in der aktuellen
Ausgabe der *Chip*. Seien Sie gewiss: Nichts ist so nützlich und
lehrreich wie handgeschriebene Notizen. So sparen Sie sich
später 80 Prozent der kostspieligen IT-Hilfestellungen. Gern
geschehen.

Rechner seine DNS-Serveradresse nicht mehr automatisch
bezieht. Er will dann eine ganz bestimmte verwenden und das
geht natürlich nicht, weil …»

«Sag mal», unterbricht er mich, «erwartest du jetzt wirklich,
dass ich weiß, wovon du redest?»

Ich denke an seine armen Kunden, die er als Trottel
brandmarkt, wenn sie das Wort Zylinderkopfdichtung nicht
zuordnen können. Was er nun tun müsste, ist gar nicht so
schwer. Wenn er einfach nur zuhören und stumpf meinen Anweisungen folgen würde. Auf das Symbol für die Netzwerkverbindung rechts unten neben der Uhr klicken. Auf *Netz-
werk- und Freigabecenter öffnen* klicken. Auf *Adaptereinstellungen*

ändern klicken. Auf das Symbol *LAN-Verbindung* klicken, aber dieses Mal mit der *rechten* Maustaste. Dieter hat seine Fritz!Box per Kabel angeschlossen, anderenfalls wäre es das Symbol *Drahtlosnetzwerkverbindung*. Dann auf *Eigenschaften*. Dann *einmal* unter dem Satz *Diese Verbindung verwendet folgende Elemente* auf die Zeile *Internetprotokoll Version 4 (TCP/IPv4)*, sodass sie blau markiert ist. Rechts unten auf den Button *Eigenschaften*. Schließlich im Fenster, das es nun zu sehen gibt, prüfen, ob das runde Feld vor der Zeile *DNS-Serveradresse automatisch beziehen* angeklickt ist oder nicht. Meistens ist es deaktiviert.

Acht Schritte nur, die meistens zum Erfolg führen. Acht Schritte zum Glück. Die meisten Reparaturen an alten, maroden Kleinwagen in Dieters Werkstatt dürften weit mehr als acht Schritte enthalten.

Ich beginne, Dieter durch die Menüs zu leiten. Schritt 1 gelingt ihm fabulös. Nach Schritt 2 unterbricht er und ruft in die Halle: «Dennis! Nein! Das sind die Reifen vom Knüver. Die Räder vom Ochtrup sollst du da dranmachen! Ja, spreche ich denn Chinesisch? Ja, wie *Wo sind die*? Junge, lies die Zettel! Guck richtig!»

Dieter ist «wieder da» und vollbringt Schritt 2 und 3. Schritt 4 bildet das erste unüberwindliche Hindernis.

«Dieter, du musst mit der *rechten* Maustaste …»

«Dennis! Dennis!!! Das sind die Räder von Frau Rüschenschulte. Ich glaube das nicht. LIES DIE ZETTEL! Was? Meine Handschrift? Ich komme dir gleich darüber! Beschwerden über meine Handschrift? Wer ist hier der Meister, Junge? Ich reiß dir den Kopf ab und scheiß dir in den Hals!»

Wulf schleicht am Empfangstresen vorbei zur Küche und schmunzelt, als er Dieter in meinem Headset toben hört.

«Bin wieder da», sagt Dieter. «Geht aber nicht.»

Um aus dem Signal, das beim Computer eingeht, den Zugriff auf das Internet zu generieren, muss er es mit Hilfe des sogenannten DNS-Servers aufschlüsseln. Ungefähr so wie unser Körper die Nährstoffe aus einem Käsebrötchen. Welcher dieser Server dafür verwendet wird, entscheidet die Software bei der Verbindung üblicherweise automatisch. Ist statt dieser Automatik eine konkrete Adresse in das Feld eingegeben, die aber nicht stimmt oder auf die gerade kein Zugriff möglich ist, hat man zwar ein volles Signal, es kann aber nicht aufgeschlüsselt und verwendbar gemacht werden.
Die DNS-Adresse des DNS-Servers für den Client im eigenen Netzwerk vergibt in der Regel der heimische Router. Sollte lediglich die interne Verbindung «gestört» sein, hilft es, den Router einfach neu zu starten.
Wird dem DSL-Router vom Provider automatisch ein DNS-Server zugewiesen und fällt dieser aus, bekommt der Router einen anderen Server zugewiesen. Diese Zuweisung ist allerdings auch kein unabwendbares Schicksal, denn alle DNS-Server dort draußen in den unendlichen Weiten des Netzes haben ja konkrete Adressen. Kennt man sie, kann man dem Rechner sagen, welchen DNS-Server er zu nutzen hat, indem man dessen Nummer manuell zuweist. Der Google-DNS-Server etwa hat die ebenso schlichte wie für Numerologen und Mystiker interessante Adresse: 8.8.8.8.

«Dieter, ich sagte, du musst jetzt mit der *rechten* Maustaste weitermachen, sonst …»

«Rechte? Apropos Rechte. Hast du gehört? Der Knüver will jetzt sogar bei uns im Dorf so eine Pegida-Filiale aufmachen, wegen dem Zigeunerhaus da an der Kreuzung. Ah nein, Zigeuner darf man ja nicht mehr sagen. Ich find das alles komisch mit diesem Politikzeugs. Das zieht der Knüver nur auf, um sich wichtig zu machen. Und der alte Wullbrock, der hat mir gesagt: ‹Du hast doch dem Herbert Knüver seine Reifen da. Lass die mal ganz aus Versehen kaputt gehen. Wir müssen den Anfängen wehren.› Aber der Wullbrock, das ist eigentlich auch kein Linker, verstehst du? Der konnte nur den Knüver noch nie leiden. Wobei ich dieses Pegida-Zeugs da auch nicht im Dorf haben will. Aber dass das Zigeunerschnitzel jetzt nicht mehr so heißen darf, das finde ich auch wieder nicht gut.»

Die dritte Schwäche des großen Dieter. Sobald er sich auf etwas anderes als seine Autos konzentrieren soll, bekommt er die Ablenkungswut wie ein Teenager in der Schule.

«Dieter!»

«Ja, Philipp? Was sagst du denn dazu? Wie soll man das jetzt nennen? Pusztaschnitzel? Sintischnitzel? Romaschnitzel? Zuwanderungsschnitzel? Schnitzel mit Migrationshintergrund?»

«Rechte Maustaste!»

«Ist ja gut …» Dieter klickt rechts. «Da geht ein großes Fenster auf!», ruft er.

«Wunderbar!», sage ich. «Nur noch vier Schritte, dann haben wir's.»

Ich schöpfe Hoffnung auf ein Erfolgserlebnis. Das Erfolgserlebnis, einen schwierigen Kunden durch alle Hindernisse zum Ziel geleitet zu haben. Gelingt so etwas, ist es stets von neuem ein Glücksgefühl.

Beate ruft aus dem Badezimmer: «Ich rufe in Genf an! Wegen der Menschenrechtskonvention! In Genf! Das sage ich euch Ferkeln!»

Wulf passiert mit einer Flasche Wasser, die er aus dem Küchenwimmelbild gezogen hat, wieder mein Blickfeld. Sagt nichts. Heute steht sein Wortkonto immer noch bei eins.

«So, Dieter, jetzt musst du –»

«Dennis!», brüllt Dieter seinen Lehrling erneut an, direkt gefolgt von einem «So, jetzt reicht's», das er halb an sich selbst und halb an mich richtet. Er legt den Hörer ab, stapft in seine Halle und verrichtet dort Dinge mit seinem armen Azubi, die so klingen, als würde er seine Drohung von eben tatsächlich wahr machen, unter Zuhilfenahme von Schraubenschlüsseln, Ratschen und Ölfässern.

Nach einer Weile kehrt er an den Hörer zurück. Ich will gerade – stolz über meine eigene, dem Dalai Lama ähnliche Fähigkeit zur Geduld – mit Schritt 5 weitermachen, da sagt Dieter allen Ernstes: «Komm, Philipp, ist gut. Lassen wir es für heute.»

Als hätte *ich ihn* angerufen und was von ihm gewollt. Oder als hätte zwar durchaus er mich angerufen, aber nicht mit einer lebensnotwendigen Frage, sondern eher mit einer kleinen Bastelei. Damit ich mich nicht langweile. Ein Reifenwechsel jedenfalls kann länger warten als die Wiederherstellung der wichtigsten Verbindung zur Welt. Zumal Dieters Telefone auch über das Netz laufen, bis auf sein Handy natürlich, von dem aus er mich anruft.

Das Schlimmste ist, dass er mich nicht einmal bittet, zu ihm zu kommen und es selber zu machen. Nein. Er ruft an, in Panik, und dann entscheidet er zehn Minuten später, dass ihm die Sache nicht mal wichtig genug ist, damit ich herkomme und in seinem Büro unter den Schreibtisch krieche.

Am liebsten würde ich ihn fragen, was er machen würde, hätte er gerade einen schönen Benz auseinandergebaut und der Kunde nähme plötzlich seinen Mantel, lüpfte seinen Hut und sagte: «Komm, Dieter, ist gut. Lassen wir es für heute. Ach was, lassen wir es ganz. Ich finde, zu Fuß gehen ist viel schöner. Autos sind doch eine einzige Belastung. Das habe ich jetzt erkannt. Der Irrtum meines Lebens, das Kraftfahrzeug. Schade, dass du deine Lebenszeit damit verschwendest, aber von irgendwas musst du ja leben. Ich lass den Schrott dann hier. Tschüss.»

Ich frage aber nicht, sondern sage nur: «Dieter, später kann ich heute aber nicht mehr.» Es stimmt nicht. Ich könnte schon. Ich bin nur unglaublich beleidigt. Die Sonne scheint auf das Display meines riesigen Hauptrechners, sodass ich mich beim Telefonieren wie im Spiegel sehen kann. Das Wort «schmallippig» trifft meinen Gesichtsausdruck nicht annähernd. Gegen das, was mein Mund gerade macht, ist «schmallippig» noch mit Botox aufgepumpt.

«Ich melde mich», sagt Dieter und legt auf. Wulf steht in der Tür zu unserer Werkstatt, die Wasserflasche in der Hand, mit der Schulter an den Rahmen gelehnt, den rechten Fuß über den linken geschlagen und die Spitze aufgesetzt. Süffisant schüttelt er den Kopf und sagt: «Der Philipp und der Dieter …»

6 von 20.

Ich schnaufe, öffne das Haribo-Glas, nehme mir eine ganze Faust heraus und stopfe sie mir in den Mund, heute sogar inklusive der Himbeeren. Dann tippe ich eine Anleitung zur manuellen Wiederherstellung eines automatischen Bezugs der DNS-Adresse, drucke sie aus, packe sie in einen Umschlag, graviere mit dem Kugelschreiber Dieters Adresse in das Papier, ziehe die Schreibtischschublade mit den Postmaterialien auf, klebe die Briefmarke drauf, stehe auf und schlüpfe in meine Jacke.

Wulf sagt: «Wenn Herr Spielbusch auf 180 ist, kommt die Schneckenpost zum Einsatz.»

Bevor ich gehe, halte ich den Umschlag noch mal an den Türrahmen, um eine Unterlage zu haben, und schreibe vorne auf das Weiß neben dem Adressfenster: «Erst wieder anrufen, wenn ausgeführt!»

Beate kommt aus dem Bad und zeigt mir das Ergebnis ihrer Reinigungsaktion der Spüle, das wie ein totes, zotteliges Glibber-Alien im Eimer schwimmt. Ich muss würgen. Sie nickt, kehrt wieder ins Bad zurück und versenkt den Ekelklumpen im Klo. Ich wende mich noch einmal Wulf zu und sage zu meinem Kollegen, der weiß, dass ich mitzähle: «Drei Worte hast du noch.»

Wulf hebt den Kopf, den winzigen Schraubendreher in der Hand, die Schläfe neben dem kühlen, schwarzen Stahl des Hochleistungsgehäuses. Er denkt nach, zählt innerlich ab und sagt: «Bring Schokobrötchen mit.»

Gute Wahl.

DER PERIPONALE CRASHDUMP

Ich stehe am Fenster des Werkstattraums und schaue runter auf den Kreisverkehr. Das beruhigt. Der ewige Kreislauf des Lebens. Zwei Verkehrsteilnehmer sind sich uneins darüber, wer weiterfahren darf. Beide Automobile stehen immobil. Das eine im Kreis, das andere davor.

In dem rätselhaft defekten Rechner der solventen Kundin läuft der letzte aller vorhandenen Analyse-Sticks auf der Suche nach dem Fehler. Lämpchen blinken. Wulf installiert Windows 10 auf dem Rechner einer Grundschullehrerin. Dazu das Office-Paket, den Virenschutz und was die Leute sonst noch so gern hätten. Die Lehrerin wünscht sich ein paar Dutzend Wimmelbildspiele vorinstalliert, lauter bunte Hüllen liegen auf Wulfs Tisch. Ich mache den Vorschlag, dass wir aus Spaß noch unsere Küche abfotografieren und als Bonusspiel mitsenden. Aufgabe: Finden Sie die Möbel und den Herd.

Alles läuft flüssig. DVDs surren in den Laufwerken, Bohnen rattern in der Kaffeemaschine und vor dem auf Kipp stehenden Fenster zwitschern die Vögel und amüsieren sich über die Menschen in ihren verkeilten Blechkisten. Ein perfekter, friedlicher Morgen in unserem kleinen Paradies.

Bis das Telefon klingelt.

«Wieso faxen Sie mir ständig leere Blätter?»

Die entrüstete Stimme am anderen Ende der Leitung gehört Apotheker Kalbstein. Er betreibt sein Geschäft im Nachbardorf seit rund 35 Jahren. Während seine Kollegen in dieser

Zeit ein bisschen Dekoration aufgestellt und das Sortiment um Drogerieartikel und Bio-Lavendel-Duschgel erweitert haben, gibt es im Schaufenster des Apothekers Kalbstein nicht einmal ein Werbeschild oder eine Auslage. Nichts. Lediglich drei flache Töpfe mit Trockengestecken auf einer schweren, breiten Fensterbank aus schwarzem Marmor. Eine uralte analoge Personenwaage. Und die dunkelbraune Theke. Fertig. Wer glaubt, wenigstens hinter der Theke stünden bunte Packungen mit Grippostad, Voltaren oder Dolo-Dobendan offen in weißen Regalen, wird ebenfalls enttäuscht. Beim Apotheker Kalbstein schaut man auf eine aschgraue Wand mit Schubfächern.

«Guten Tag, Herr Kalbstein», sage ich.

«Wenn Sie wollen, dass ich Ihre Rechnungen bezahle, muss ich Sie auch lesen können.»

Herr Kalbstein bekommt sämtliche Forderungen grundsätzlich per Fax. Außer den PZN-Nummern im Warenbestellsystem auf seinem Apothekenrechner hat er noch nie etwas gelesen, das nicht auf einem Blatt Papier stand. Das unter manchen Kids kursierende Schimpfwort «E-Mail-Ausdrucker» ist für ihn erfunden worden.

Herr Kalbstein sagt: «Prüfen Sie bitte augenblicklich den Tintenstand in Ihrem Faxgerät!»

Im ersten Augenblick fliegt der Satz an mir vorbei wie ein aufgescheuchter Zaunkönig. Erst dann wird mir bewusst, was der Mann eben gesagt hat.

Ich wiederhole es, um sicherzugehen, dass ich ihn richtig verstanden habe.

«Sie möchten, dass ich bei *meinem* Fax die Tinte prüfe?»

«Ja. Haben Sie Ohrenprobleme?»

«Öhm, Herr Kalbstein, wieso sollte ich bei mir die Tinte prüfen, wenn bei Ihnen das Fax leer herauskommt? Ich vermute doch eher, da werden Sie aus Versehen das Blatt falsch herum eingelegt haben.»

«Was gibt es denn da falsch zu legen? Ich bin seit 35 Jahren Apotheker!»

Da ist er wieder, der häufigste Irrtum männlicher Kunden. Frohen Mutes verwechseln sie reine Lebenserfahrung mit Fachkenntnis in allen Disziplinen.

«Wissen Sie was? Ich faxe das jetzt in diesem Augenblick noch mal! Einen Moment, bitte.»

Ich lege den Hörer beiseite, schalte auf Lautsprecher und suche die Rechnung auf meinem Schreibtisch. Es dauert, denn Schreibtische ziehen aus Strafe für jedes Blatt, das man beschloss, lieber erst «später» abzuheften, neun weitere bislang unbekannte Blätter durch ein Wurmloch aus der Galaxie unverständlicher Schreiben an und verteilen sie aus Rache auf der Platte. Die Tastatur ist auch kaum noch zu sehen.

Während ich suche, bedient der Apotheker Kalbstein bestens hörbar einen Kunden. Er hat sein Telefon offenbar auch auf Lautsprecher geschaltet.

«Guten Tag, ich habe ganz elende Kopfschmerzen und bräuchte eine Packung Thomapyrin.»

«Aha. Sie sind also auch so einer.»

«Bitte?»

«Wieso glauben Sie, dass dieses Präparat für Sie sinnvoll ist?»

«Weil es bei mir immer sofort wirkt.»

«Was ist denn Thomapyrin, junger Mann?»

«Halb Aspirin, halb Paracetamol?»

«Aspirin ist kein Wirkstoff, sondern ein Markenname. Oder nennen Sie alle Ihre Schuhe Adidas?»

«Also haben Sie kein Thomapyrin da?»

«Doch. Leider.»

«Wieso verkaufen Sie es mir dann nicht?»

«Wir waren noch nicht fertig, junger Mann. Der Wirkstoff heißt Acetylsalicylsäure. Die ist da drin, und, wie Sie ganz richtig sagten, Paracetamol. Und was noch? Hm?»

«Hören Sie, es pocht und drückt. Können wir nicht einfach …»

«Koffein. Junger Mann. 50 Milligramm pro Tablette. Das ist der Trick. Die Hausfrauen und Mütter fressen die Dinger wie Bonbons. Die wollen zwei 20er-Packungen in der Woche von mir. Haben nicht mal Kopfschmerzen! Wollen nur den Kick. Magenschleimhaut? Leber? Weg damit! Braucht doch kein Mensch!»

«Ich habe aber Kopfschmerzen und ich will auch nur eine kleine Packung!», jammert der Kunde.

«So fängt es immer an», sagt Apotheker Kalbstein, «und dann ist sie da, die Sucht.»

Ich finde die Rechnung, obwohl ich bei Kalbsteins Verkaufsstrategie langsam daran zweifle, ob er sie überhaupt begleichen kann. Kraftvoll rufe ich seinen Namen in den Hörer.

Kalbstein brüllt zurück: «Schreien Sie doch nicht so! Ich bin hier in einer Beratung!»

«Das Fax kommt jetzt noch mal», antworte ich kleinlaut, gebe Kalbsteins Nummer ein und drücke auf «Senden».

Der Kunde in der Apotheke sagt: «Kriege ich nun eine Packung oder nicht?»

Kalbstein erwidert: «Seien Sie nicht so ungeduldig. Ich bin hier in einer Faxprüfung.»

Unter Flüchen, die hier nicht angemessen wiederzugeben sind, verlässt der junge Mann die Apotheke. Kalbstein schaltet wieder auf Normalton und klingt satt und nah im Hörer: «Da ist er weg, der Kunde. Kennen Sie das auch? Dass einer unbedingt, was weiß ich, diesen neumodischen Apfelrechner haben will und nicht auf Sie hört?»

«Also, was Reparaturen angeht, sage ich dem Kunden schon, was sinnvoll wäre, aber ansonsten verstehe ich die Marktwirtschaft so, dass man das verkauft, was der Kunde nachfragt. Oder man erbt eben.»

Der Apotheker Kalbstein schweigt. Ein böses, schwarzes Schweigen.

Dann sagt er: «Das darf doch nicht wahr sein. Sie haben wieder nur ein weißes Blatt gefaxt! Sind Sie denn nur behämmert? Wechseln Sie doch endlich die Tinte in Ihrem Faxgerät aus!»

Langsam kippt es.

Sie müssen wissen, ich, Philipp Spielbusch, bin ein wahnsinnig geduldiger Mensch. Womöglich der geduldigste im ganzen weiten Land zwischen Münster, Ahlen, Haltern am See und Kamen.

Aber langsam kippt es. In mir.

Ungeduldig wie ein Thomapyrin-Junkie auf Entzug sage ich: «Herr Kalbstein. Noch mal. Wieso soll denn *ich* meine Tinte auswechseln, wenn *Ihr* Faxgerät keine Buchstaben aufs Papier bringt?»

Ich kann nicht fassen, dass ich das überhaupt fragen muss. Aber so ist mein Leben in diesem Beruf. Die einzigen anderen Männer, die sich eventuell mit mir vergleichen können, sind Lehrer.

Kalbstein schweigt wieder einen Moment. Dieses Mal nicht böse und schwarz, eher verunsichert und mit Grauschleier. Mich überkommt die Hoffnung, dass er es verstanden hat. Dann sagt er, laut und deutlich aus dem Grauschleier heraus, aber so, als spräche er gar nicht zu mir, sondern über mich in

Richtung seiner Medizinerregale: «So ein Arschloch! Behandelt mich, als wäre ich von gestern.» Dann piept es im Hörer.

▬ BITTE ABSPEICHERN ▬

Das mit Abstand am schwersten zu bedienende Betriebssystem heißt «der Mensch». Besonders unkomfortabel und störrisch verhält es sich, wenn es entweder noch besonders neu auf dem Markt ist und trotz mangelnder Bewährtheit eine große Klappe hat oder wenn es schon besonders lange existiert und sich nichts mehr erzählen lässt. Sollten Sie einen Beruf in der Dienstleistungsbranche ergreifen, machen Sie sich darauf gefasst, das Unglaublichste zu hören. Sie mögen denken: Das können die doch nicht so meinen. Die sind doch clever. Die können denken. Nein. Die meinen es so. Nehmen Sie es hin.

Eine ganze Weile stehe ich neben dem Faxgerät, den piependen Hörer in der Hand. Im Hintergrund säuselt leise Musik im großen Schaumonitor an der Wand über der Theke. Ich füttere ihn gleichzeitig mit Werbebildern unserer Produktpartner sowie dem örtlichen Radiosender. Ein gutgelaunter Moderator berichtet von einer Vollsperrung auf der A1 zwischen Ascheberg und Hamm-Bockum-Hövel. Dann singt Rihanna.

Wulf kommt aus der Werkstatt und verwendet seine ersten Worte: «War er frech?»

Ich berichte ihm, was geschehen ist. Dass ich ein Arschloch bin, weil Herr Kalbstein keine Tinte im Faxgerät hat.

Wulf hört zu.

Wulf denkt nach.

Das ist das Wunderbare an ihm. Indem er so wenig spricht,

spart er viel Kraft fürs Denken auf. Beschließt er allerdings, dass ein Kunde zu weit geht, hebt er seine 20-Worte-Grenze kurzerhand auf, und zwar für grenzwertige Erziehungsmaßnahmen, die es in sich haben. Er nennt sie «Interventionen am Kunden».

Wulf zieht noch einmal am blubbernden Pfirsich-Liquid.

Dann sagt er: «Drei Stunden.»

«Wie? Drei Stunden?»

«In drei Stunden rufe ich da an.»

Ich gebe zu, dass ich in den folgenden drei Stunden kaum zum konzentrierten Arbeiten komme. Wenn Wulf sich eine Intervention am Kunden ausgedacht hat, ist der Tag gelaufen. Am Ende ist eine von zwei Möglichkeiten eingetreten. Erstens: Der Kunde ist ein für allemal umerzogen worden und verhält sich uns gegenüber in Zukunft mit einem ähnlichen Respekt wie Pilger beim Papstbesuch. Zweitens: Der Kunde ist kein Kunde mehr. Gut, eine dritte Möglichkeit gibt es auch noch, aber wirklich nur eine. Sie heißt Dieter und hat eine Autowerkstatt.

Jetzt ist es jedenfalls 16 Uhr 27 oder anders gesagt: drei Minuten vor Beginn der Intervention bei Apotheker Kalbstein.

Wulf bereitet sich vor. Steht vor dem Tresen und streckt die Arme. Lässt die Finger knacken. Kreist mit dem Kopf zur Lockerung des Nackens.

Ich frage mich, ob das alles richtig und angemessen ist.

Wieso ich nicht Kindergärtner geworden bin. Oder Betreiber einer Selbstbedienungsbäckerei. Masseur. Badminton-Profi. Kuscheltierausstopfer.

Wulf wählt, Lautsprecher an, Telefon auf der Theke, Hände frei. Nach dreimaligem Klingeln hebt Apotheker Kalbstein ab.

«Pharmazie Kalbstein, Kalbstein am Apparat?»

«Ja, was machen Sie denn da???», brüllt Wulf markerschütternd.

Wobei, «brüllt» ist der falsche Ausdruck. Brüllen heißt Übersteuerung und Verzerrung, Pegel bis zum Anschlag. Wulf hingegen schafft es, so laut zu werden wie ein Wolf, dessen Atem einem ins Gesicht bläst, und gleichzeitig so kristallklar zu klingen wie ein aufgedrehtes Dolby-Surround-System in einem Multiplex-Kinosaal.

Apotheker Kalbstein fragt: «Wer ist denn da?»

«Wulf Wiegner von Philipp Spielbusch Computer. Uns ist hier gerade der gesamte Strom rausgeflogen, verfluchte Scheiße! Wir hatten drei Systeminstallationen am Laufen und eine Server-Reparatur. Wissen Sie, was das bedeutet? Nicht nur ist die Arbeit von Stunden hinüber, sondern auch der besagte Server! Bei so einem Ding kann man nicht einfach den Stecker ziehen! Totaler periponaler Crashdump! Das sind vierstellige Kosten für den Kunden, der uns sein Gerät anvertraut hat!»

Ich klammere mich an meiner Tasse fest. Wulf geht aufs Ganze.

Einen «periponalen Crashdump» gibt es selbstverständlich nicht. Das Wort «periponal» existiert überhaupt nicht, weder in der IT-Fachsprache noch sonst irgendwo auf der Welt. Und was den Stromausfall angeht: Selbst wenn uns hier alle Sicherungen um die Ohren flögen, haben wir immer noch sicheren Notstrom per USV.

«Was hat denn Ihr Stromausfall mit meiner Apotheke zu tun?», fragt Herr Kalbstein. Zornig, aber hörbar verunsichert.

Wulf antwortet nebelhornlaut, mit ausladenden Gesten: «Ja, das hängt doch alles zusammen! Wir sind schließlich verbunden! Unsere Werkstatt und Ihre Apotheke! Das wissen Sie doch. Wenn unsere Tinte im Fax alle ist, können Sie nicht

Um bei einem plötzlichen Stromausfall oder einem Blitzein-
schlag dennoch fürs Erste weiter den Strom fließen zu lassen
und schlimme Folgen für brutal aus dem Betrieb gerissene
Computer oder Server zu verhindern, gibt es die sogenannte unterbrechungsfreie Stromversorgung, kurz: USV. Dabei
handelt es sich um stabile Notstromaggregate, die alle an sie
angeschlossenen Geräte auch nach dem Stromausfall noch
einige Minuten lang mit Batteriestrom versorgen.

Ist ein definierter Zeitraum innerhalb des Ausfalls erreicht,
sendet die USV «Shutdown»-Befehle an seine Klienten. Diese
beenden ihre Dienste und fahren dann die Betriebssysteme
sauber herunter. Die USV-Aggregate gibt es in verschiedenen Größen und Preisklassen. Sie unterscheiden sich vor
allem durch die Anzahl der Anschlüsse und die Batterieleistung. Je höher die Batterieleistung ist, desto kostspieliger
ist das Gerät. Wobei diese Investition eine Menge Geld und
Nerven spart, da die meisten fatalen Crashs, die ganze Festplatten und Computer in die Knie zwingen, durch plötzliches
Ausschalten ohne Herunterfahren geschehen.

drucken. Und wenn Sie in Ihrem Gebäude da irgendwelche
Starkstromgeräte laufen lassen, haut es uns die Sicherungen
aus dem Kasten. Das ist doch klar in der vernetzten Welt! Was
frisst denn da so viele Ampere bei Ihnen? Haben Sie einen
Tischler da, der Ihnen mit der großen Maschine den Parkett-
boden schleift, oder was?»

Das nimmt er Wulf doch niemals ab, denke ich mir.

Andererseits: Die Sache mit der Tinte, die meinte Kalbstein
auch ernst.

«Aber wie ...»

Wulf setzt nach. «Was machen wir bei Ihnen, wenn der Rechner ausfällt? Herr Kalbstein? Kommen wir dann raus?»

«Nein, Sie machen diese Fernwartung.»

«Aha!»

«Aber ...»

Wulf holt erneut aus: «Auf dem Server dieses Kunden, den wir hier gerade zu retten versuchten, befanden sich Konstruktionsdaten. Entwürfe. Für Schiffe. Für teure Yachten. Die sind jetzt weg. Unwiederbringlich verloren. Weil Sie uns nicht vorher Bescheid sagen, wenn Sie auf einen Schlag um 300 Prozent Ihre Stromabnahme erhöhen. Bei solch massiven Schäden sind wir regresspflichtig!»

Ich bette meine Stirn in meine Hände. Wulf tobt wie Bruno Ganz beim Untergang. Für Außenstehende wirkt es vollkommen wahnsinnig, doch es hat Methode. So glaubt Wulf etwa fest an die These, dass der deutsche Mann idiotensicher mit Furcht und Zweifel auf bestimmte Reizwörter reagiert, vollkommen egal, ob der Sachverhalt Sinn ergibt. «Regresspflichtig» ist eines dieser Wörter.

Und in der Tat: Der Apotheker Kalbstein verteidigt sich zwar wütend, was aber bedeutet, dass er den Unsinn selber langsam akzeptiert.

«Ich habe hier keinen Parkettschleifer laufen oder sonst irgendein Starkstromgerät!», ruft er. «Das ist hier eine Apotheke, da gibt's keine Stromschwankungen!»

Wulf blafft: «Und wieso fliegt uns dann hier alles um die Ohren?»

Aus dem Hörer poltert von der anderen Seite nur noch unverständlicher Wortlärm, vergleichbar dem Klang, wenn einer kraftvoll in einer Kiste aus Schrauben und Schrottteilen wühlt.

Ein paar Schimpfworte ragen zwischen den Eisenkanten hervor. Dann legt Kalbstein auf und es piept wieder.

Wulf atmet zwei Mal ruhig ein und aus wie ein Samurai nach dem Kampf, drückt sachte die Verbindung weg und reicht mir das Telefon über die Theke.

> GOLDENE REGEL IM UMGANG MIT KUNDEN:
> Begegne störrischen, aggressiven, ignoranten oder unverbesserlich begriffsstutzigen Menschen mit der Methode der «überaffirmativen Verwirrung». Oder einfach gesagt: Übernimm das, was der andere glaubt, und treibe es maximal auf die Spitze. Auf diese Weise entstellst du es bis zur Unkenntlichkeit und machst seine Absurdität sichtbar.

Zwei Tage später.

Vor dem Fenster fällt sanfter Nieselregen auf die Pflanzen in der Mitte des Kreisverkehrs und den Asphalt. Die beiden Autos, die sich nicht entscheiden können, wer zuerst fahren darf, stehen immer noch ratlos herum. Nein, Scherz. Natürlich sind es zwei andere. Aber sie sehen genauso aus wie die von vor zwei Tagen.

Es ist ein ruhiger Vormittag, ausnahmsweise einmal. Zwei Rechner tickern leise vor sich hin, während sich das neue Betriebssystem installiert. Wulf und ich trinken Kaffee aus unserem Super-Automaten und spielen «Dateien erkennen». Neben der «Intervention am Kunden» die einzige Situation, in welcher er seine 20-Worte-am-Tag-Latte reißt.

«Mgxoschk.dll», sagt Wulf und grinst.

Er ahnt schon, dass ich es nicht weiß. Trotzdem sage ich: «Warte, ich komm gleich drauf!»

Das stimmt natürlich nicht. Wir haben in unserer Firma eine klare Arbeitsteilung. Wulf weiß es auswendig, und ich weiß, wo es steht.

Da ich mir keine Blöße geben will, sage ich: «Eines ist sicher. Bedrohlich ist das Teil nicht.»

«Das stimmt schon mal», sagt Wulf.

Ich verkrampfe mein Hirn. Es gibt tausende und abertausende von Systemdateien auf jedem Rechner, darunter irrsinnig viele dieser Programmbibliotheken. Wulf speichert jede einzelne davon in seinem Gehirn ab wie ein Plattensammler die Titel in seinem Regal, selbst wenn dort 25 000 Alben und 17 500 Singles stehen. Ich sammle gar nichts. Habe ich nie getan, nicht einmal als Teenager.

«Man kann allein schon aus der Logik heraus darauf kommen», sagt Wulf.

Ich schreibe das Wort auf einen Zettel: «Mgxoschk».

Logik. Hm.

«Du meinst, wegen dem Osch?»

Wulf rollt mit den Augen.

Dann, ohne Vorwarnung, schießt es aus dem Dunkel meiner Ahnungslosigkeit wie ein Fernlicht in der Nacht.

«Ah! Mgx. Das steht für Magix!»

Mein Puls beschleunigt. Meine Wangen werden heiß. Eine Euphorie wie in der Grundschule, wenn die Glasmurmel tatsächlich auf der Drei-Meter-Strecke zielgenau ins Loch kullerte. Aufgeregt schnippe ich mit den Fingern: «Das ist eine Bibliothek für Fotoprogramme. Oder Videoplayer! Irgendein Schrott von Magix!»

Wulf applaudiert und notiert meinen Punkt. Er ist aufrichtig überrascht. Die Firma Magix ist eines der größten Ärgernisse auf dem Software-Markt. Sie stellt alle möglichen Programme für häusliche Hobby-Anwender her, die mit Bild, Video und Audio zu tun haben. Sie heißen *Video Deluxe* oder *Fotostory Deluxe* und allein der Zusatz «Deluxe» deutet schon an, dass es sich dabei um den fehleranfälligsten Scheiß handelt, den man unter die Leute bringen kann. Da gilt für den Software-Markt exakt das Gleiche wie für den Markt für Fleischwurst und Salami: Sobald das Wort «Delikatess» als Zusatz hinter dem Namen des Aufschnitts steht, handelt es sich um die Billigware vom Discounter mit Rinderhuf, Schweineborste und chinesischem Katzenrest. Es ist nahezu ein Wunder, dass die für ein Magixprogramm zuständige DLL-Datei noch nie von einem Virus oder Trojaner infiziert worden ist.

▬ DIE DLL-DATEIEN ▬

Zu den bekanntesten Dateien, die auf einem Computer Ärger machen, gehören die mit der Endung *.dll. Meistens fehlen sie oder sind defekt oder veraltet. Dann geht nichts mehr, und auf dem Monitor steht: «Die DLL-Bibliothek … konnte nicht geladen werden.» Was ist das überhaupt?

Die dynamische Programmbibliothek (Dynamic Link Library) sammelt den Programmcode mehrerer Anwendungen, um den Speicherplatz im Hauptspeicher zu reduzieren, wenn Anwendungen angeworfen werden. Es ist also ein Irrtum zu glauben, eine DLL-Datei gehöre immer nur zu einem Programm. Wenn dem so wäre, bräuchte man sie nicht. Dann wäre allerdings auch auf jedem Rechner Kirmes. Wenn jedes Programm seinen Code, während es läuft, vollständig und einzeln in den Arbeitsspeicher laden müsste, ginge der Rechner schnell in die Knie.

Deswegen greifen eben viele Programme gleichzeitig auf eine Bibliothek zurück. So wie alle Germanisten, Juristen oder Philosophen einer Universität in ihre jeweilige Bibliothek gehen, statt dass jeder für sich sämtliche Bücher zu Hause stehen hat. Der Vorteil? Verbessert eine Firma ein Stück Code in einem Programm, müssen nicht alle Programme verändert werden, sondern nur der Code in der DLL aktualisiert, da ja sowieso alle Programme darauf zugreifen. Der Nachteil? Wenn sich mehrere Programme eine Bibliothek teilen, kann es passieren, dass eines davon eine neuere Version vom Code benötigt als ein anderes. In diesem Fall kommt es zu einem DLL-Konflikt, vergleichbar dem Streit um ein Buch zwischen zwei nervösen Studenten in der Bibliothek. Und ebenso wie diesen Streit löst man das Problem, indem der eine eben eine ältere und der andere eine neuere Ausgabe des gleichen Werkes mit nach Hause bekommt. Der zweite Nachteil besteht darin, dass DLL von Hackern gut gekapert und infiltriert werden können.

Ich überlege, mit welcher Datei ich Wulf nun im Gegenzug fordern könnte, und klicke mich durch den Ordner C/Windows/Panther, ein Bereich, in dem das Betriebssystem alle möglichen Logfiles darüber speichert, was beispielsweise für Fehler im System auftreten oder wie die Verzeichnisstruktur organisiert ist. Ein gigantisches Logbuch des digitalen Kapitäns sozusagen, in dem alles steht, was er über seine wuselnde Mannschaft und ihre Aufgaben und Tätigkeiten wissen muss. Den Ordner selber kennt Wulf natürlich, aber ob ihm jedes einzelne Objekt darin ein Begriff ist? Ich will ihn gerade nach der Datei oobe_unattend.xml fragen, als die Tür aufgeht.

Der alte Apotheker Kalbstein betritt das Büro, eine Flasche Wein mit roter Schleife darum in der Hand und einen Blick aufgesetzt, als müsse er sich beim Papst für seine öffentliche Gotteslästerung auf dem Petersplatz entschuldigen.

Der Apotheker Kalbstein sagt: «Öhm.» Räuspert sich.

Wulf lässt ihn zappeln.

Ich stehe auf und sage: «Herr Kalbstein, wie sieht's aus? Läuft das Faxgerät wieder?»

Herr Kalbstein hustet. «Ja. Läuft.»

«Ist ja auch kein Wunder», sagt Wulf. «Wir haben mittlerweile bei uns die Tinte nachgefüllt.»

Der Apotheker Kalbstein lächelt gequält.

Ich sag's ja: Am Ende einer Intervention am Kunden sind, außer bei Dieter, immer nur zwei Möglichkeiten in Sicht. Der Kunde verlässt uns oder der Kunde wurde erfolgreich erzogen. Es erstaunt mich allerdings schon, dass es ausgerechnet beim alten Kalbstein geklappt hat.

«Also ... meine Frau hatte wohl vergessen, bei unserem Faxgerät die Tinte nachzufüllen.»

«Nein!», haucht Wulf erstaunt.

Der Apotheker hebt seinen langen Zeigefinger wie Lehrer Lämpel in den Illustrationen von Wilhelm Busch und fuchtelt damit vor Wulfs Nase herum: «Und Sie mit Ihrem regresspflichtigen Stromausfall, weil ich angeblich Stromschwankungen verursache!»

Wulf grinst.

Der Apotheker Kalbstein überreicht mir die Weinflasche. Ein 2011er Bordeaux der Sorte Château Bonnet. Nicht übel.

«Jedenfalls möchte ich mich für das ‹Arschloch› am Telefon entschuldigen. Und überhaupt für alles.»

«Schon vergessen», sage ich. «Solange Sie das nächste Mal

nicht hier anrufen und klagen, Ihre Schublade sei leer, weil wir im Büro das ganze Aspirin aufgefressen haben.»

Der Apotheker Kalbstein lacht.

Wulf nickt jovial und kehrt in die Werkstatt zurück.

Der Apotheker sagt: «Solange Sie kein Thomapyrin fressen, bin ich mit allem einverstanden.»

Wolfgang Schäuble stellt sich das alles sehr einfach vor. Er denkt: Mindestens einmal pro Quartal legt der Selbständige sein operatives Tagesgeschäft nieder, verschränkt die Finger ineinander, lässt die Glieder knacken, schaut voller Vorfreude auf seinen Schreibtisch und macht in aller Ruhe zwei Tage am Stück seine Steuerpapiere. So denkt sich das der Wolfgang.

Die Realität sieht natürlich anders aus. Da sucht sich der tapfere Selbständige, nennen wir ihn einfach Philipp, für das Sichten und Sortieren der Papiere unter 72 mit Terminen vollgestopften Werktagen den einen Vormittag aus, an dem es etwas ruhiger ist. So wie heute, wo eigentlich niemand angekündigt war. In der Theorie.

In der Praxis ist Metzgermeister Lorenz ohne Termin vorbeigekommen, dafür allerdings direkt mit einer großen Servierplatte voller Mettbrötchen mit Zwiebeln. Damit wir was «Richtiges» zum Frühstück haben, wenn er uns schon überrascht. Jetzt steht er nebenan in der Werkstatt und erklärt Wulf sein Problem mit dem Laptop, während ich auf den Berg unsortierter Benzinquittungen starre und die ganze Werkstatt nach Mett und Zwiebeln stinkt. Jede Ecke. Jeder Fitzel. Jedes Stückchen Hardware. Ich frage mich, ob wir das jemals wieder rauskriegen. Aber gut, der Kunde ist König.

Ich nehme eine Quittung in die Hand und lese die Adresse der Tankstelle. Dagebüll an der Nordsee, in der Nähe des Fährhafens. Familienurlaub. Nein, diese 82,79 Euro für einen vollen Tank kann ich dem Wolfgang nicht als Dienstfahrt unterjubeln. Für eine Sekunde liegt mir der Duft von Gischt und Salzwasser in der Nase, dann weicht er wieder diesen durchdringenden rohen Zwiebeln auf totem Schwein.

So geht das nicht. Mache ich jetzt mit der Steuererklärung weiter, trage ich noch irgendwas in die falsche Zeile ein und werde später vor den Augen meiner Nachbarn von der neuen vermummten Spezialeinheit Panama Squad auf den Asphalt gedrückt. Die Steuer, das muss man völlig konzentriert machen heutzutage, alles andere wäre zu gefährlich. Also stehe ich erst mal auf, ziehe mir einen Kaffee und schaue mir an, was nebenan so läuft.

Wulf kaut zufrieden, während der Rechner hochfährt. Ich halte kurz inne und konzentriere mich darauf, nicht allzu tief einzuatmen. Direkt neben der Servierplatte ist der Geruch noch stärker. 15 Prozent Schwein und Zwiebel in der Atemluft. An anderen Tagen fände ich das sehr appetitlich, aber für Mettbrötchen muss ich in der Stimmung sein. Heute wird mir durch den derben Duft eher blümerant.

Der Laptop von Herrn Lorenz steht auf dem brusthohen Sideboard in der Mitte der Werkstatt, das wir als Raumteiler einsetzen und aus dessen unteren Fächern Kabel herausquellen wie Gedärme aus einem aufgeschlitzten Alien. Das Gerät zeigt den Startbildschirm an.

Wulf tritt zur Seite: «Bitte Passwort eingeben.»

Herr Lorenz macht sich keine Mühe, beim Tippen die Tastatur zu verdecken. Guten Mutes gibt er «lorenz1952» ein.

Der Desktop erscheint. Die Programme werden geladen. Herr Lorenz öffnet den Browser und sagt: «So, meine Herren, jetzt passen Sie gut auf, was passiert.»

Für eine Sekunde erscheint die Startseite www.google.de,

dann springen mit einem Schlag fünf, sechs Werbefenster auf. Sie blinken. Sie blitzen. Sie behaupten, der Computer sei von einem Schädling befallen und deswegen müsse man nun ganz dringend *hier klicken*, um die Software für seine Entfernung zu kriegen.

Das stimmt sogar. Der Computer *ist* von einem Schädling befallen und zwar genau dem, der gerade mittels der Pop-ups das Programm für seine eigene Entfernung zum Kauf anpreist. Lüde man es sich herunter, würde es ganz in Ruhe in den tiefsten Tiefen des Dateisystems herumlaufen und seinen schädlichen Kumpels noch mehr Tore und Hintertüren öffnen.

Wulf schaut mich an. Sein Blick sagt: Willst du?

Er hat heute schon zu viel gesprochen. Außerdem müssen die Mettbrötchen aufgegessen werden, und darum kümmert sich außer ihm ja keiner. In meinem Hinterkopf schwappt die Nordsee an die Molen, während Möwen kreischen.

Ich trete an den Rechner heran und frage geradeheraus: «Herr Lorenz, welche Seiten besuchen Sie üblicherweise so im Netz?»

«Ja, ganz normale halt. Google. Kicker. Sportschau. Fleischwirtschaft.de ...»

Ich schaue ihn an. «Ganz sicher?»

Er nickt so stark, als wolle er mit dem Unterkiefer Ziegelsteine knacken wie Kampfmönche im Fernsehen.

«Sie haben sich hier eine sogenannte Adware eingefangen. Das passiert eigentlich nur in zwei Fällen. Erstens: Man lädt sich irgendein normales Programm wie einen Videoplayer oder ein Gratis-Spiel herunter und achtet dabei nicht auf das Kleingedruckte ...»

Herr Lorenz hebt die Hände: «Ich lade gar nichts herunter!»

«... oder zweitens: Man besucht, ich sage mal, nicht ganz so seriöse Seiten.»

Der Metzger wedelt mit den Fingern: «Alles seriös. Ich mache doch kaum was mit dem Ding. Mein Sohn ja, der ist jeden Tag mit seinem Rechner auf Facebook und diesem anderen Portal da, wo man nur noch Bilder einstellt, dieses, wie heißt es noch gleich? Pentagramm! Ja. Aber ich? Wann sitze ich denn überhaupt mal am Laptop?»

Wulf schaut mich wissend an. Dann zieht er mit den Zähnen einen Zwiebelring vom toten Schwein.

Ich sage: «Herr Lorenz. Bei uns hier ist das wie beim Anwalt. Wir haben Schweigepflicht. Alles, was Sie in dieser Werkstatt erzählen, bleibt in der Werkstatt. Und wie Anwälte können wir Ihnen nicht helfen, wenn Sie uns nicht die Wahrheit sagen.»

«Tu ich doch! Was unterstellen Sie mir denn hier? Ich bringe extra eine Schnittchenplatte mit und dann so was?»

Ich bewege den Mauszeiger nach rechts oben zu den drei waagerechten Strichen und öffne das Pop-up. In der Mitte der Symbole, die der Internetbrowser Firefox nun anbietet, steht «Chronik». Die Liste der besuchten Seiten.

Ich sage: «Wenn ich da jetzt draufklicke, finde ich nichts Problematisches?»

Herr Lorenz starrt auf das Symbol. Eine einfache, stilisierte Uhr. Sein Augenlid zuckt.

Ich öffne die Chronik.

http://www.kicker.de/news/fussball/2bundesliga/
startseite/647881/artikel_restprogramm_spannung-
im-keller.html

http://www.kicker.de/news/formel1/startseite/649096/
artikel_streit-beigelegt_rueckkehr-zu-altem-modus.html

http://www.fleischwirtschaft.de/wirtschaft/nachrichten/
Qualitaetssicherung-Geringe-Durchfallquote-bei-QS-
Audits—32642

http://www.ndr.de/nachrichten/niedersachsen/
braunschweig_harz_goettingen/VW-und-Betriebsrat-
dementieren-Vertrauensfrage,vw2790.html

https://www.google.de/?gws_rd=ssl

https://www.google.de/?gws_rd=ssl»q=porno

http://www.geiltube.com

Ich bleibe mit dem Pfeil auf dem letzten Link stehen. Wulf
verkneift sich mühsam das Lachen. Diese Situation ist immer
sensibel. Da fühlt sich jeder Mann in die Zeit zurückversetzt,
als er vierzehn Jahre jung war und vergessen hatte, bei der
ausgiebigen Sitzung mit dem Playboy-Heft im Badezimmer
die Türe vor der Mutter abzuschließen. Wobei mit vierzehn

> GOLDENE REGEL IM UMGANG MIT KUNDEN:
> Entlarvst du den Kunden als Pornogucker, mildere seine Scham
> ab, indem du augenzwinkernd die Verbrüderung unter Männern
> simulierst.

Jahren bereits Bademodenkataloge reichen. Als erwachsener Metzgermeister braucht man da stärkere Reize. Herr Lorenz wird rot wie ein blutiges Steak.

Schmunzelnd sage ich: «Aha. An der Stelle haben wir also den Feierabend eingeläutet.» Dabei schaue ich Herrn Lorenz an, als wüssten «wir» doch alle, wie das ist. Wulf hilft mir dabei, die Situation zu entschärfen, und opfert dafür ganze dreizehn Worte: «Geiltube kannte ich noch gar nicht. Hätte ich mir den Namen mal schützen lassen!» Womit Wulf kurzerhand eine weitere wichtige Technik anwendet ...

> GOLDENE REGEL IM UMGANG MIT KUNDEN:
> Entlarvst du den Kunden als Pornogucker, lenke ihn so schnell wie möglich durch einen plausiblen Themenwechsel ab.

Wulf hat seine 20-Worte-Regel für heute endgültig ausgehebelt. So einfühlsam wie lebendig lenkt er den Metzger Lorenz von unserer peinlichen Entdeckung in seinem Browserverlauf ab, während ich konzentriert die Adware entferne. Die Porno-Lesezeichen in einem Rechner zu finden, ist jedes Mal so, als hätte man einen Mann mit der Hand in der Hose kurz vorm Koitus auf der Toilette erwischt.

Da hilft nur Plaudern ohne Unterlass. In schillernden Farben erzählt Wulf zu diesem Zweck von den Profiten, die er bislang mit seiner Sammlung registrierter Internetadressen erzielt hat. Derzeit hat Wulf rund 42 Domains geschützt, das macht 4872 Euro Kosten im Jahr, wie Wulf einräumt, doch kriegt Metzgermeister Lorenz den Mund nicht mehr zu, als er hört, dass

Wulf unterm Strich bislang schon knapp 70 000 Euro mit dem Verkauf von Domains eingenommen hat.

Die ganz großen Gewinne liegen allerdings schon rund zwanzig Jahre zurück. Als die DENIC (Deutsches Network Information Center), gewissermaßen die Zulassungsstelle im Internet, sich 1996 gründete, war das Internet in seiner heutigen Verbreitung als Alltagsbegleiter jedes Menschen noch kein Thema. Nur Leuten wie Wulf war damals schon klar, in welche Richtung es gehen würde, also ließ er sich Adressen schützen, was das Zeug hielt.

«Am Anfang war's die reine Anarchie», sagt er, während Herr Lorenz sich selbst eines seiner Zwiebelmettbrötchen nimmt. «Man war sich nicht darüber einig, was ein Privatmensch schützen darf und was nicht. In einem Fall hat sich ein Mann die Adresse www.moers.de schützen lassen, also den Namen der Stadt am Niederrhein. Das war alles lange, bevor jede Gemeinde eine Webseite haben musste. Als die Politiker von Moers beschlossen, dass es für sie nun auch so weit sei, haben sie den guten Mann erst mal verklagt. Er wollte 50 000 Euro für die Domain. Soweit ich weiß, hat man sich damals in der Mitte getroffen. Heute ist das alles rechtlich geklärt und durchgespielt. Sie können weder den Namen einer Stadt als Domain registrieren lassen noch einen Familiennamen, der nicht Ihrer ist. Nicht mal mit einer anderen Endung. Einer hat es neulich noch mit www.berlin.com versucht und ging vor Gericht baden. Hier haben deutsche Gerichte sogar bei nichtdeutschen Domains was zu melden.»

Herr Lorenz ist baff. Halb kauend und halb hauchend sagt er: «Über solche Dinge habe ich mir noch nie im Leben Gedanken gemacht.»

Wulf nickt bedeutungsvoll.

Der Metzger denkt nach, den Finger am Kinn. Dann sagt er: «Also, jemand, der sich www.immobilienscout24.de oder www.1und1.de ausgedacht hätte, bevor die Unternehmen selber gegründet wurden ...»

«... der wäre heute ein reicher Mann», bestätigt Wulf. «Bei Insolvenzverfahren sind Internetadressen sogar pfändbar. Wie Fernseher oder Rasenmäher.»

«Sind denn noch welche frei, die sich lohnen könnten?», fragt Herr Lorenz, ein neues Geschäftsfeld witternd.

«Am besten hält man die Nase nach neuen Trendwörtern in den Wind, die in bekannten Adressen vorkommen, und wandelt sie ab. Würden die Menschen Fleisch im Internet kaufen, könnten Sie zum Beispiel www.steakscout24.de anmelden. Oder www.hackpost.de.»

Metzgermeister Lorenz lacht.

Ich versuche es mir zu verkneifen, kann aber nicht anders und sage, den Blick weiter konzentriert auf den Bildschirm gerichtet: «Ich habe gehört, die Endung Tube soll auch sehr beliebt sein.»

Herr Lorenz lacht nicht mehr. Stattdessen fragt er: «Wo haben Sie denn Ihr Klo?»

«Büro raus, Flur, zweite Tür links.»

Herr Lorenz entfleucht der Werkstatt.

«Na super», sagt Wulf, «jetzt hatte ich ihn gerade so schön abgelenkt von seinem Geiltube.»

«Ich reg mich auf», sage ich, denn was Herr Lorenz sich da ganz konkret eingefangen hat, lässt sich nicht mal eben entfernen. Ich denke an das, was ich eigentlich gerade mache. Die Steuerpapiere.

«Da ist Dealply auf dem Rechner gelandet», erkläre ich.

«Oh», sagt Wulf.

Dealply ist eines der hartnäckigsten Werbeprogramme, die sich ein Mensch einfangen kann. Anders als vergleichbare Bösewichte, kann man es nicht schnell mit einem Programm entfernen, sondern muss das gesamte System nach Dateien durchsuchen, die es überall hinterlässt wie ein Frosch seinen Laich im Sommerteich. Entfernt man es einfach nur, ohne diese Eier aufzuspüren, stellt es sich aus einem einzigen davon vollständig wieder her. Wo genau Dealply seine Laichfäden zieht, ist nicht vorhersagbar. Man hat tatsächlich keine andere Wahl, als jeden einzelnen Ordner auf dem gesamten Rechner zu öffnen und Datei für Datei abzuklappern. Per Hand. Tausende von Ordnern.

Leider fangen sich auch Menschen dieses Programm ein, die keine Pornoseiten besuchen, sondern einfach nur ein kostenloses Programm herunterladen. Ganz normale, übliche Software. Videoplayer wie *Quick Time* oder *Divx* zum Beispiel, die man gerade nicht auf dem Rechner hat, zum Abspielen einer wichtigen Datei aber *jetzt* braucht, da der Schwager, der die Datei gerade geschickt hat, gleich Antwort haben will, wie man den Film von der Hochzeitsfeier findet.

Viele harmlose und wichtige Programme haben diese nervige Software sozusagen im Schlepptau. Ein Gratisbüropaket wie *Open Office*. Ein Reparaturprogramm wie *DLL Files Fixer*, ohne dessen Hilfe es manchmal gar nicht weitergeht. Gute, freie Software, die 99 Prozent der Menschen allerdings nicht direkt beim Hersteller herunterladen, sondern beispielsweise auf den Webseiten von Computerzeitschriften oder Online-Magazinen.

Diese Anbieter, die Gratisprogramme zum «freien Download» bereitstellen, sind keine Verbrecher. Aber: Sie müssen von irgendwas leben. Also schließen sie Verträge mit den Herstellern dieser verfluchten kleinen Werbebiester wie *Dealply*, *Lucky Page* oder *Roll Around* ab, die sich beim Herunterladen der Programme dann ebenfalls auf dem Rechner einnisten, neue Toolbars installieren, Suchergebnisse verändern und beim Surfen im Netz alle zwei Sekunden unerbittlich ihre Pop-up-Werbung aufspringen lassen.

Dies alles passiert allerdings nur, wenn man auf den Link zum Download des Programmes klickt, der ausdrücklich erlaubt, die Werbesoftware gleich mit auf dem System zu installieren. Das bedeutet: Jeder Nutzer, der sich Adware einfängt, hat ihr mit seiner ausdrücklichen Zustimmung Tür und Tor geöffnet. An bösen Tagen nennen wir IT-ler das eine klare «Diagnose UZB»: User zu blöd. Das ist allerdings unfair. Die gerechtere Formulierung müsste lauten «UZA»: User zu abgelenkt.

Man muss Nachsicht mit dem Kunden haben, denke ich mir. So steht es auch auf einem Zettel an der Wand über Wulfs Schreibtisch: «Verzeihe dem Nutzer.» Es braucht jahrelange Übung, der fatalen Hypnose durch die blinkenden Buttons und der perfiden Wahrnehmungslenkung im Internet zu entgehen. Dass einem Mann diese Achtsamkeit und Disziplin erst recht abgeht, wenn er gerade www.geiltube.com besucht, ist sowieso verständlich. Immerhin ist das meiste Blut in diesem Augenblick schon längst vom Gehirn in südliche Gefilde geflossen.

«Was meinst du, was er sich angeguckt hat?», feixt Wulf.

«Will ich gar nicht wissen», murmele ich und klicke mich durch die Ordner. Überall der Laich von Dealply. Die tödlichen kleinen Eier. Löschen. Nächster Ordner. Löschen. Nächster Ordner. Löschen.

«Philipp? Bist du gar nicht neugierig?»

Wenn Sie ein ganz normales Programm auf der Seite eines seriösen Anbieters herunterladen wollen, bieten sich Ihnen auf dem Bildschirm häufig zwei Möglichkeiten. Erstens: Ein großer, blinkender, alles überstrahlender Download-Button und zweitens, direkt darunter, ein winziger Textlink. Laden Sie die Software über den großen Button herunter, ziehen Sie sich damit in den meisten Fällen den legalen Schädling gleich mit. Hinter dem unscheinbaren, kaum lesbaren Textlink hingegen verbirgt sich das reine, gewünschte Programm ohne die Werbetrompeten von Jericho im Schlepptau.

Die Anbieter tun absolut alles, um die Aufmerksamkeit des Users auf den Button zu lenken. Sie legen sogar Menschen herein, die trotz der inneren Unruhe, im Internet immer alles sofort haben zu wollen, den Namen von Installationsdateien lesen. Und zwar indem sie die harmlose, werbefreie Datei zur Installation nicht mit dem Namen des Programms bezeichnen, das sich dahinter verbirgt, sondern mit einer kryptischen Kombination aus Zahlen und Zeichen, gegen die der bunte, klar benannte Button schon wieder verführerisch «richtig» aussieht.

«Wulf!», zische ich. Nicht bloß, weil Herr Lorenz jeden Moment wieder reinkommen könnte, sondern weil ich es wirklich nicht wissen will. Wulf würde es schon wissen wollen, aber niemals genauer nachgucken.

Anders als sein Cousin Boris, der als EDV-Verantwortlicher in einem Düsseldorfer Business-Hotel arbeitet. Nutzt ein Gast hier das kostenfreie WLAN, muss er sich mit seiner Zimmernummer registrieren und der Bedingung zustimmen, für alles, was er vom Zimmer aus im Netz ansurft, selbst verantwortlich zu sein. Natürlich kommt keiner der Manager, Handelsvertreter oder rasenden Reporter, die in dem Hotel übernachten, auf die Idee, dass die von jedem Zimmer aus angesurften Seiten einzeln gespeichert werden, damit man mögliche Straftaten später eindeutig einem Gast zuordnen kann.

Wenn wenig zu tun ist, spielt Boris daher mit seinem Assistenten gerne «Porno-Profiling». Sie schauen sich am Tresen ein paar Männer an, die einchecken, merken sich die Zimmernummern und schließen Wetten darauf ab, wer welche versauten Seiten ansteuert. Am nächsten Morgen werten sie dann die Chroniken der Gäste aus.

Darauf, dass ein Geschäftsreisender gar keine Pornoseite ansurft, steht übrigens mit 1:1500 die höchste Quote. Es kommt so gut wie nie vor.

«Das wäre mal ein wirklich interessanter Blog», sagt Wulf, als hätte er meine Gedanken gelesen. «Was Männer hinter Türen tun. Weißt du noch? Der Lkw-Fahrer in der Leitung bei Jürgen Domian, der zugegeben hat, als Reisevagina eine Thermoskanne mit Hackfleisch zu füllen?»

«Wulf!»

Wie kann er so was sagen, während immer noch Mettbrötchen übrig sind und der Kunde im Flur bereits die Toilettenspülung betätigt?

Wulf lacht.

Ich höre die Bürotür und Schritte, bleibe mit den Augen aber bei der Laichentfernung. Die Schritte enden hinter mir im Türrahmen, und ein fürchterliches Schluchzen ertönt. Das darf nicht wahr sein. Jetzt hat Wulf mit seinem Gelästere sogar den Metzgermeister Lorenz zum Weinen gebracht. Es klingt fürchterlich, wie ein ersticktes Gurgeln und Gurren. Als hätte

Lorenz eine Taube verschluckt, die versucht, sich wieder seine Luftröhre hinaufzuarbeiten.

Ich drehe mich um. Im Türrahmen steht nicht der Metzger, sondern ein unterernährter junger Mann in Skinny Jeans, den die Tränen schütteln.

«Ich habe meine Master-Arbeit gelöscht!», schluchzt er, und die Taube in seiner Kehle flattert verzweifelt mit den Flügeln. «Ich habe keine Kopie. Kein Backup. Keinen USB-Stick. Nichts in der Cloud. Früher habe ich meine Dateien im Media Center von GMX gespeichert, aber dann war mir das zu blöd, jeden Monat eine Gebühr zu bezahlen. Und jetzt ist alles aus!»

Wulf mustert den jungen Mann, der bei genauerem Hinsehen gar nicht so jung ist. Ich schätze ihn auf Mitte dreißig. Ein gutes Alter, um in den Geisteswissenschaften seinen Abschluss zu machen. Mit ein bisschen Geschick gelingt die Frührente schon zehn Jahre später. Dass der Mann aussieht wie ein großes Kind, liegt an seiner Statur. Arme wie Lauch. Beine wie Rhabarber.

«Der Abgabetermin an der Uni ist in 36 Stunden!»

Zitternd zieht er seinen Laptop aus dem Rucksack. In unserem Badezimmer geht die Klospülung noch mal. Metzgermeister Lorenz genießt seinen Aufenthalt.

Wulf klopft auf seinen Schreibtisch. Der Student legt ihm den Laptop vor die Hände. Wulf klappt ihn auf. Der Student nestelt seine Geldbörse aus der Hosentasche. Ich hole mir meine E-Zigarette und lasse die Vanille blubbern.

«Ich habe gehört, man kann Dateien retten, auch wenn sie gelöscht wurden», plappert er nervös drauflos. «Dass sie nie ganz weg sind. Dass Männer wie Sie alles noch von der Festplatte hervorkramen können.»

Der Laptop des Studenten fährt hoch.

Wulf nimmt sich einen Zettel und schreibt murmelnd als Erinnerung darauf: «Bei der DENIC prüfen: www.maenner-wie-wir.de – Schon vergeben?»

Der Student fleht: «Ich zahle jede Summe für die Wiederherstellung der Datei. Jede!»

Ich denke daran, was ich heute eigentlich schaffen wollte.

▬ BITTE ABSPEICHERN ▬

In der Tat ist eine Datei, wenn sie gelöscht wird, nicht verschwunden, sondern lediglich mit den normalen Mitteln eines Users nicht mehr auffindbar. Fachleute hingegen können die Datei und ihren Inhalt nach normalem Löschen mit den entsprechenden Werkzeugen leicht wiederherstellen. Die Daten bekommen wir wieder lesbar. Das darunter liegende Betriebssystem wird allerdings nicht mehr startfähig sein. Im Grunde existieren nur zwei Wege, eine Datei unwiderruflich in der Versenkung verschwinden zu lassen. Erstens: Die komplette Entmagnetisierung der Festplatte mittels eines EMPs, also eines starken elektromagnetischen Impulses. Das können Sie machen, wenn Sie entweder ein Spezialagent mit entsprechendem Gerät in einem heimlich geparkten schwarzen Transporter sind oder Zeus, der gezielt einen Blitz in ein Haus zu lenken vermag. Oder zweitens: Die Datei selber öffnen und einfach inhaltlich mehrfach überschreiben. Das kann jeder. Einfach so.

Mit anderen Worten: Haben Sie statt mit der Hand auf Papier mit der Tastatur in Word einen Brief geschrieben, den Sie bereuen und verschwinden lassen wollen, öffnen Sie die Datei, löschen Sie darin den Text und schreiben oder kopieren Sie etwas anderes hinein. Dann speichern Sie die Datei ab, natürlich unter demselben Namen und in demselben

Ordner. Das machen Sie mehrfach, ein paar Tage hintereinander, und der ursprünglich enthaltene Text wäre selbst für den besten Hacker der CIA nicht mehr wiederherstellbar. Das liegt daran, dass der Rechner beim «Löschen» lediglich eine Decke über die Inhalte legt, sie geringfügig verschiebt und den Cluster, also das genaue Stückchen Platz auf der Festplatte, wo die Datei lag, zur neuen Nutzung freigibt. Überschreiben Sie die Datei an Ort und Stelle mit anderem Inhalt, bleibt sie exakt dort, wo sie immer war, und ihre vorherigen Inhalte sind unwiederbringlich weg.

Der Metzgermeister Lorenz kehrt von der Toilette zurück und schaut den hageren Akademiker an, der in der Zwischenzeit zur Runde dazugestoßen ist.

«Wen haben wir denn da?», sagt er, wieder in seiner selbstbewussten Metzgermanier. «Mein Gott, Junge, wie siehst du denn aus? Komm her, du musst was Anständiges essen.»

Herr Lorenz greift zu einem Mettbrötchen und führt es dem Studenten Richtung Mund. Der wedelt abwehrend mit den Laucharmen.

«Nein, nicht. Ich bin vegan!»

«Was bist du?»

«Er isst kein Fleisch», sage ich.

«Aber Wurst schon, oder?», sagt der Metzgermeister. «Aufschnitt? Geflügel?»

Wulf beginnt derweil, im studentischen Dateisystem herumzuklicken.

Ich sage: «Er isst gar nichts, was vom Tier stammt. Also auch keine Eier. Oder Milch.»

«Das gibt's nicht!», sagt Herr Lorenz schockiert.

«Das gibt's schon lange», murmelt Wulf.

Ich lösche und lösche. Die Laicheier des Werbeprogramms auf Lorenz' Rechner sind überall. Unwillkürlich frage ich mich, was Wolfgang Schäuble mittags in der Bundestagskantine isst, bevor er bei seinen Mitarbeitern die Pfändung meiner Firma in Auftrag gibt, weil ich nie Zeit finde, die Steuererklärung zu machen.

Der Student holt eine kleine Plastikflasche aus seinem Rucksack und nuckelt daran. Ein Fruchtsmoothie.

Herr Lorenz sagt: «Da würde ich aufpassen. Da ist Fruchtfleisch drin.»

Der Student sieht ihn fassungslos an, wird aber sofort von Wulf abgelenkt.

Der sagt: «Das wird teuer.»

Der Student hüpft auf der Stelle auf und ab: «Aber es geht? Ja? Es ist machbar? Ich zahle alles! Alles!»

Der Metzgermeister beißt in das Brötchen, mit dem er eben noch den Studenten füttern wollte, macht einen Schritt zu mir und sagt leise: «Die sind ganz schön devot geworden, was?»

Wulf räuspert sich. «Ich weiß nicht, ob Sie diese finanziellen Möglichkeiten haben.»

Der Student zerrt hektisch sein Handy aus der Hosentasche. «Ich rufe meinen Vater an. Meinen Onkel. Wir haben Verwandte mit Grundbesitz auf Rügen.»

Wulf grinst.

Der Student legt die Daumen aufs Display.

«Moment», sagt Wulf, «ich versuche erst mal zu erklären, welche Operationen hier nötig werden. In Ordnung?»

Der Student nickt zitternd, während Wulf einen Stuhl heranzieht.

«Sie sollten sich lieber setzen.»

Der Student nimmt Platz.

Metzgermeister Lorenz lehnt sich kauend ans Sideboard. Das will er sich nicht entgehen lassen.

Ich lösche. Und lösche. Und lösche.

Wulf sagt: «Passen Sie auf. Es ist kompliziert. Ich muss hier alle meine Fähigkeiten einsetzen.»

Der Student nickt eifrig. «Es gibt da noch eine Großtante in Arnsbach. Sie sammelt Münzen.»

«Schritt eins.» Wulf zeigt auf den Monitor. «Ich gehe hier unten rechts auf Papierkorb. Ja? Doppelklick. Der Ordner mit den Dateien im Papierkorb öffnet sich. Dann schaue ich mir die Dateinamen an. Scrolle hier nach unten … huch!»

Wulf wirft die Arme in die Luft.

«Was ist das denn?»

Der Student beugt sich vor. Eine halbe Sekunde Stille.

Dann meldet sich die Taube in des Studenten Hals. Sie bäumt sich auf, dreht Pirouetten, gurrt, kreischt, schreit.

«Meine Arbeit! Meine Arbeit! O mein Gott, meine Arbeit!»

Wulf stellt die Datei aus dem Papierkorb wieder her.

Der Student fällt ihm um den Hals. Der Schreibtischstuhl rollt ein Stück nach hinten und knackt.

«Der isst also nur Tofu …», murmelt Herr Lorenz und nickt, während er das Spektakel beobachtet.

Vor meinem inneren Auge wischt sich Wolfgang Schäuble die Mundwinkel mit der weißen Stoffserviette ab, legt sie gelassen neben den Teller und greift zum Smartphone, um der Spezialeinheit Bescheid zu sagen.

Drei Stunden später habe ich die letzte Ladung Laich aus dem Rechner des Metzgermeisters gefischt. Herr Lorenz selbst ist samt der leergeputzten Servierplatte längst verschwunden, ebenso das akademische Lauch-Ärmchen. Für die Wiederherstellung seiner versehentlich in den Papierkorb bugsierten Arbeit hat Wulf ihm null Euro berechnet. Der Student wollte trotzdem zahlen, nahezu aufdringlich wedelte er mit seiner Kreditkarte herum.

Die Uhr im Kaffeevollautomaten zeigt 13 Uhr 35.

Die Männer von Schäubles Spezialeinheit klopfen schon auf die Klettverschlüsse ihrer schwarzen Einsatzhandschuhe.

Ich setze mich wieder an den Schreibtisch vor die Quittungen für Sprit, Spesen und Büromaterial und nehme die erste zur Hand, als die Tür aufspringt und Jonas hereinstürmt.

Sein Laptop ist bereits aufgeklappt und hochgefahren. Unser Stammgast hält ihn mit beiden Händen in die Luft wie einst Michael Jackson seinen Säugling aus dem Hotelfenster.

«Wenn das nicht der Bundestrojaner ist, dann fress ich einen Besen!»

Ich atme tief ein und aus, denke mir, dass kommen mag, was kommen muss, und lege die Quittung wieder auf den Tisch.

DIE WETTE

Jonas stellt seinen Laptop auf den Glastisch. Aufgeregt zeigt er auf den Monitor. Microsoft Word ist geöffnet. Doch unterhalb der Symbolleisten, wo eigentlich lesbare Sätze auf einer großen weißen Seite stehen sollten, ist lediglich ein winziges Blatt zu sehen, von hauchdünnen, mikroskopisch schwarzen Linien durchzogen. Wulf trottet von nebenan herbei. Er ist neugierig, was unser Stammgast heute für den Staatstrojaner hält.

«Guckt euch das an! Seht ihr das? Das war mal mein Text. Ein Text, den ich getippt habe. Und was ist passiert? Der Rechner hat ihn von mir weg tief in den Bildschirm gesaugt. Als wäre da plötzlich ein schwarzes Loch, das alles zu sich zieht, am Ende aber nicht einmal verschluckt. Als ob ich verhöhnt werden soll! Der Text ist noch da, aber ich kann nichts mehr lesen. Er klebt in Schriftgröße 0,0005 Punkt auf dem Zwergenblatt vor dem schwarzen Loch. Und hier, guckt, wenn ich speichere und die Datei wieder öffne, dann bleibt das so! Das ist maximal gruselig.»

Wulf macht zwei Schritte zur Theke und nestelt sich eine Lakritzschnitte aus dem Haribo-Glas. Er muss kauen, sonst verrät er die Lösung zu früh.

Jonas beugt sich vor: «So, und jetzt ratet mal, was für ein Text da so grausam von mir weg in die Tiefe gezogen wurde.»

Wulf zuckt mit den Schultern.

Ich sage: «Schillers Glocke?»

Jonas wischt meine Äußerung aus der Luft wie fliegende Spinnweben an Altweiber.

«Unsinn! Das da, meine Freunde des Langlaufs und der Orchideenzucht, diese Textdatei, das war die erste Seite meines gnadenlosen Enthüllungsbuches.»

Er lehnt sich zurück, verschränkt die Arme vor der Brust und nickt mit zusammengepressten Lippen. Ein hauchfeiner Krümel Ohrenschmalz klebt an einem Haar, das aus seinem Ohr ragt. Das Hemd, das er heute trägt, ähnelt in Muster und Farbe einem Geschirrspültuch.

Ich sage: «Du schreibst ein Enthüllungsbuch?»

Jonas nickt, die Arme weiterhin verschränkt. «Über die Machenschaften im Hintergrund. Die wahren Herrscher der Welt. Die werden sich noch alle umschauen.»

Wulf schiebt schnell zwei Lakritzschnitten hinterher. Weiß und braun.

«Und du denkst ...»

Jonas nimmt mir das Wort aus dem Mund: «Die haben das gemerkt! Ich bin doch ständig online beim Schreiben, um Sachen nachzugucken. Wann ist der Text wohl verschwunden? Was denkt ihr? In genau dem Augenblick, in dem ich das erste Mal die Worte *geheime Elite* in das Vorwort eingetippt habe. Zack! Da war er weg!»

«Weg ...», murmelt Wulf Haribo kauend und beißt sich auf die Unterlippe.

Jonas empört sich: «Wenn das kein Beweis dafür ist, dass ich den Bundestrojaner auf dem Rechner habe, was dann? Sagt mir, wie das gehen soll, wenn die nicht in Echtzeit merken, dass ihnen jemand auf der Spur ist?»

Ich rücke den Stuhl näher an den Glastisch heran, lege meinen Zeigefinger auf das Touchpad des Laptops und sehe Jonas an. Sein Spültuchhemd flimmert vor meinen Augen.

«Bereit?», frage ich.

Er guckt teils skeptisch, teils ängstlich.

Ich sage: «Achte auf den Mauszeiger.»

Jonas guckt.

Ich lenke den Cursor nach rechts unten. Dort befindet sich bei Microsoft Word ein Schieberegler zwischen zwei runden Polen, die jeweils mit einem Minuszeichen und einem Pluszeichen beschriftet sind. Der Regler ermöglicht es dem Nutzer, die Ansicht der geöffneten Datei schnell und stufenlos zu verändern, ohne dafür extra oben ins Menü «Ansicht» und «Zoom» gehen oder sich eine Tastenkombination merken zu müssen.

Bei Jonas erweist sich der Regler als maximal nach links verschoben. Ich setze den Mauszeiger darauf und bewege den Regler langsam wieder Richtung Mitte. Mit jedem Millimeter, den ich den Regler verschiebe, kehrt das beschriebene Blatt aus der mikroskopischen Versenkung in die lesbare Größe zurück.

Fassungslos starrt Jonas auf den Vorgang.

▬ BITTE ABSPEICHERN ▬

Sollte Ihr Text eines Tages nur noch mikroskopisch klein auf dem Monitor zu lesen sein, bewahren Sie Ruhe und suchen Sie nach allen Bedienelementen, welche die Größe bzw. den Zoom der Ansicht verändern. Den hier erwähnten Schieberegler zur Veränderung der Ansichtsgröße gibt es nicht bloß bei Microsoft Word, sondern auch in einigen Mailprogrammen. Hier kann es besonders erschreckend und irritierend wirken, wenn eine Mail, die Sie gerade verfasst haben, mit einem Mal in Mikroschrift dargestellt wird und selbst durch einen Neustart nicht wieder lesbar zu machen ist.

«Das beweist gar nichts», sagt Jonas.

Wulf schüttelt den Kopf und geht wieder in die Werkstatt zurück. Auf diese Paranoia möchte er dann doch keine weiteren Worte seines heute ohnehin schon längst aufgebrauchten Kontingentes verschwenden.

Jonas löst seine verschränkten Arme und zeigt auf den Bildschirm: «Ich habe diesen Größenschieber da noch nie gesehen.»

«Und deswegen war er vorher nicht da?»

«Selbst wenn, ich habe ihn nicht verstellt. Ha! Wieso denn auch? Hat doch keinen Sinn. Und aus Versehen kommt man nicht an ein so kleines Bedienelement, das man gar nicht kennt.»

«Und wer hat den Regler dann verschoben?»

«Na, die! Mittels des Trojaners!»

«Das ist ja eine wahnsinnige Technik», sage ich. «Da verstellen sie dir die Textgröße, und du kannst sie einfach selber wiederherstellen. Das wird deine Enthüllungen aufhalten! Gnadenlos! Das ist nichts gegen das, was Schäuble unternimmt, wenn ich nicht endlich die Steuerpapiere fertig kriege.»

Jonas grummelt.

Ich stehe auf und kehre an meinen Schreibtisch zurück. Die Quittung, die ich vor einer halben Stunde in die Hand genommen habe, um endlich den Anfang zu machen, wartet immer noch auf mich. Und Jonas kennt die Regeln: Nur eine Verschwörungstheorie pro Tag. Ich werfe einen genaueren Blick auf die Quittung. Eine Tankstelle im tiefsten Schwarzwald. Auch diesen Sprit kann ich nicht guten Gewissens als dienstlich deklarieren. Für einen Augenblick rieche ich den Duft der Kiefernnadeln und sehe meine beiden Kurzen begeistert im Märchenlandurlaub durch das Unterholz kraxeln.

Jonas bleibt am Glastisch sitzen, schließt seine Word-Datei und sagt: «Ich nutze mal eben euer WLAN, ja?»

Während er fragt, öffnet sich bereits sein Browser. Ein Passwort muss er nicht mehr eingeben. Sein Computer ist schon seit langem auf unseren Gastzugang konfiguriert.

Ich nehme die nächste Quittung zur Hand. Eine Restaurantrechnung aus dem mexikanischen Bistro im Phantasialand.

Jonas klickt und atmet schwer.

Frag ihn nicht, denke ich mir, aber irgendwie ist dieser Junge wie eine Doku-Soap auf RTL. Einmal aus Versehen eingeschaltet, kann man den Blick nicht mehr abwenden.

«Was machst du?», frage ich.

«Ich installiere Quick Time!»

Wulf stößt nebenan einen Laut aus. Es klingt wie eine Mischung aus einem Hund, der den Postboten kommen sieht, und einem Wiesel mit Magenverstimmung.

Ich sage: «Welches Betriebssystem hast du? Windows 7, oder?»

«Ja.»

«Dann darf ich dich darüber informieren, dass das Programm, welches du dir gerade frisch herunterlädst, für Windows 7 nicht mehr mit Updates unterstützt wird. Weswegen eigentlich gerade die Zeit angebrochen ist, in der alle vorsichtigen User von Windows 7 das gute, alte Quick Time von ihrem Rechner werfen.»

«Ja», sagt Jonas, «weil sie doof sind.»

«Wie bitte?»

Jonas klickt. Jonas guckt. Jonas startet den Download. Nicht über den blinkenden Button, sondern über die kleine Textzeile. Immerhin. Er sagt: «Ich vertraue nur noch Programmen, die keinen Support mehr bekommen.»

Wulf lässt erneut den Wieselhund heulen.

«Was bedeutet es denn, dass ein Programm unterstützt wird?», hebt Jonas an. «Hm? Es bedeutet, dass der Computer ständig im Hintergrund irgendwelche Updates saugt, von denen keiner weiß, was sie bewirken oder wofür sie eigentlich gut sind. Ich sage euch, wozu sie gut sind: Spionagesoftware installieren. So sieht's nämlich aus!»

Ich höre zu, was Jonas sagt, und ziehe derweil die Kappe vom Klebestift.

«Plausibel oder nicht?», fragt Jonas.

Ich bringe Klebstoff auf die Quittung auf, bis ich merke, was ich da tue. «Jonas, echt jetzt, wegen dir hätte ich beinahe ein Essen im Phantasialand als dienstliche Bewirtung in die Steuer gegeben!»

«Also ist es plausibel! Wusst ich's doch!»

«Du bist bekloppt bist du!», schimpfe ich, nahezu erschrocken über meinen eigenen Tonfall. Ich motze herum wie der alte Herr Grütering an der Blechbande auf dem Fußballplatz, wenn er den Schiedsrichter beschimpft. Aber irgendwann ist auch meine Geduld am Ende. Drei Quittungen aus meiner niederschmetternd großen Sammlung waren privat. Was, wenn das so bleibt? Für die Steuer gilt schließlich das Gleiche wie für den Einzelhandel: Wer nichts mehr absetzen kann, geht unter.

Ich stehe auf und ziehe mir einen Kaffee. Während der Vollautomat brummt, schimpfe ich weiter: «Verstellt sich die Schriftgröße auf 1 Prozent und lädt sich Programme erst dann runter, wenn sie veraltet sind und Sicherheitslücken kriegen. Bald rutscht dann durch die Quick-Time-Lücke wirklich ein Wurm auf deinen Laptop und dann ist die große Verschwörung wieder bewiesen. Weißt du, Jonas, es gibt niemanden, der so bekloppt ist wie du!»

Jonas steht auf, macht seinen Rücken gerade und zieht mit beiden Händen am Saum seines Spültuchhemds.

«Die gesamte Karte von Luigi. Von oben bis unten. Ich wette die gesamte Karte, dass es Menschen gibt, die bekloppter sind als ich. Von der Tomatensuppe bis zum Tiramisu.»

Wulf linst um die Ecke durch den Türrahmen. Hat den Bauch schon voller Mettbrötchen und spitzt bei diesem Wetteinsatz dennoch die Ohren.

Ich setze mich wieder an meine Papiere, nehme einen Schluck vom köstlichen Café Creme und rolle mit den Augen.

«Und eine Quittung vom Phantasialand kannst du sehr wohl dienstlich absetzen», sagt Jonas. «Wir sind nicht mehr im Jahre 1977. Jedes einzelne Fahrgeschäft läuft bei denen doch mittlerweile über softwaregesteuerte Systeme. Wenn die mal einen Wurm haben, hängen die Gäste kopfüber im stehengebliebenen Talocan und kotzen sich die Seele aus dem Leib. Da braucht es findige IT-Fachleute, welche die Verantwortlichen bei einem guten mexikanischen Essen vor Ort in Sachen Firewall und Backup-Systeme beraten.»

Ich schaue Jonas an. Die mit Kleber benetzte, aber nicht aufgeklebte Quittung rollt sich auf dem Schreibtisch langsam zusammen wie eine angestupste Kellerassel. Unser Stammgast kann anscheinend meine Gedanken lesen, denn er fügt selbstbewusst hinzu: «Niemand wird im Phantasialand anrufen und das prüfen lassen.»

Ich denke nach. Soll ich?

Es klopft an der Tür.

Jonas öffnet: «Kommen Sie herein. Willkommen bei Philipp Spielbusch Computer.»

Der Kunde folgt Jonas' Einladung. Er trägt ein ähnliches Hemd wie unser Stammgast, ist allerdings eineinhalb Köpfe größer. Seine Beine stecken in einer altmodischen Cordhose, seine Füße in klobigen Schuhen, die man für 29,90 Euro im Groß-Supermarkt erwerben kann und die niemals aus der Mode kommen können, weil sie niemals in Mode waren. Oder besser gesagt: Weil sie mit Mode nicht einmal im Entferntesten etwas zu tun haben. Ähnlich wie die flimmernden Spültuchhemden.

«Guten Tag, Krampe, ich hoffe, Sie können mir helfen.»

«Bestimmt», sagt Jonas, «wollen Sie einen Kaffee?»

Herr Krampe nickt: «Schwarz.»

Jonas stellt eine Tasse unter die Düse.

Auf meinem Schreibtisch rollt sich die Quittung stärker zusammen.

Herr Krampe sagt: «Immer, wenn ich mein WLAN nutze, bellt der Hund.»

Jonas reicht dem Kunden die frisch gefüllte Tasse. Dabei wirft er mir einen Blick zu, der sagt: «Und schon habe ich meine Wette gewonnen.»

Wulf scheint der gleichen Meinung zu sein. Lautlos steht er im Türrahmen und mustert den Mann, dessen WLAN seinen Hund zum Bellen bringt.

Ich frage: «Wann bellt der Hund genau?»

«Immer, wenn ich das WLAN einschalte. Rechner an, Browser auf und schon bellt der Hund wie von der Tarantel gestochen.»

Wulf geht zur Schublade im kleinen Stahlschränkchen neben dem Drucker und zieht die Speisenkarte von Luigi heraus. Er legt sie auf der Fensterbank ab, zieht seine Geldbörse aus der Hosentasche, nestelt einen Fünfziger heraus, platziert ihn behutsam in der Mitte der Karte wie ein Lesezeichen in einem Gebetbuch und legt mir das Faltblatt auf den Schreibtisch, damit wir beide nachher unsere verlorene Wette einlösen können. Sehr solidarisch, der Wulf.

«Wenn Sie online gehen, wie machen Sie das?», frage ich. Noch gebe ich mich nicht geschlagen.

Herr Krampe nippt am Kaffee. Anerkennend hebt er die Brauen. Von wegen Benz und BMW: Das neue Statussymbol ist der Premium-Kaffeevollautomat!

Herr Krampe sagt: «Wie eben beschrieben. Rechner an. Browser auf.»

«Und der Router?»

«Was für'n Ding?»

«Das kleine Gerät, das irgendwann ein sich über Rückenschmerzen beschwerender Mann ächzend auf dem Boden liegend an Ihrer Telefondose angebracht hat und an dem diese Lämpchen blinken.»

«Ach, das! Was soll damit sein?»

«Schalten Sie das immer ein und aus, wenn Sie das WLAN benutzen?»

«Nein, das läuft durch.»

Ich kratze mich am Kinn.

Herr Krampe sagt: «Ich habe schon die RWE angerufen und auf einem Techniker vor Ort bestanden.»

«Und?»

«Der meinte, er könne nichts feststellen. Die Telekom hat auch jemanden geschickt. Der konnte ebenfalls nichts finden. Aber es pfeift. Das WLAN pfeift irgendwie.»

«Das sind Funksignale, Herr Krampe. Die können nicht pfeifen.»

«Doch. Mein WLAN pfeift.»

«Wie klingt es denn?»

«Keine Ahnung, aber mein Hund kann's eben hören.»

«Aber Herr Krampe, Ihr Hund beschwert sich nur, wenn Sie online gehen, haben Sie gesagt.»

«Ja.»

«Aber das WLAN liegt auch in der Luft, wenn Sie es gerade nicht nutzen. Der Router ist doch an. Und selbst, wenn er aus wäre, haben alle Ihre Nachbarn ihre eigenen Netze. Außer im Wald müsste Ihr Hund rund um die Uhr bellen.»

Herr Krampe seufzt schwer.

Ich starre auf Luigis Speisenkarte mit Wulfs Anteil an unserer verlorenen Wette darin. Er spekuliert wohl darauf, dass Jonas es mit dem Wetteinsatz nicht so genau nimmt, denn je ein Fünfziger von ihm und von mir reichen bei Luigis 122 Gerichten bei weitem nicht aus.

Auf einmal, von weit her, wie Jonas' verkleinerte Seite in Word, nähert sich eine Idee aus meinem Hinterkopf. Was auch daran liegt, dass Jonas seltsam still geworden ist. Er hat Zweifel, ob die Reaktion von Krampes Hund nicht doch Vorderpfote und Hinterpfote haben könnte. Kein Wunder. Immerhin glaubt er fest an Gedankenkontrolle mit Hilfe von Mobilfunkmasten.

Mein Ehrgeiz ist geweckt. Womöglich ist Herr Krampe gar nicht so verrückt.

«Wo wohnen Sie, Herr Krampe?»

«Merscher Weg.»

«Prima», sage ich und tue so, als würde ich im Rechner meine Termine nachschauen. «Um 17 Uhr komme ich zu Ihnen und schaue mir das an.»

Der Mann in Cordhose und Klumpenschuhen strahlt. Endlich ein Dienstleister, der ihn ernstnimmt. Beschwingt trinkt er seinen Kaffee aus, bedankt sich für die Gastfreundschaft und würde noch seinen Hut lüpfen, trüge er einen.

Als er die Tür hinter sich schließt, sehen mich Wulf und Jonas gleichermaßen fassungslos an.

«Was willst du denn bei dem machen?», fragt Jonas. «Der ist doch wohl eindeutig bekloppter als ich!»

Selbst Wulf kann sein Schweigen nicht einhalten: «Ein Hund reagiert nicht auf WLAN.»

«Willst du die Wette gewinnen oder nicht?» Dann wähle ich die einzige Telefonnummer, die ich auswendig kenne.

Um 17 Uhr stehen wir alle im kleinen Einfamilienhaus von Herrn Krampe, das er allein mit seinem Hund Fletcher bewohnt. Es ist das letzte Haus des Ortes. Dahinter kommen nur noch Felder. Wir alle, das sind Wulf, Jonas, meine Wenigkeit sowie meine Frau und meine kleine Tochter. Es hat etwas gedauert, sie zu diesem ungewöhnlichen Einsatz zu überreden, aber wenn's um das Wohl von Tieren geht, werden beide schwach.

«Frauen», doziere ich, «haben ein feineres Gehör als Männer. Viel feiner. Fast so fein wie ein Hund. Nicht wahr, Fletcher?» Der kniehohe, äußerst ungewöhnliche Husky-Pointer-Mischling mit dem schwarz-weiß gefleckten Fell stimmt mir zu, indem er sich freudig hechelnd unter den Schlappohren kraulen lässt. Noch stört ihn nichts, obwohl der Router wie immer eingeschaltet ist.

Lautlos blinken die Lämpchen für DSL und Telefonie unter dem Schreibtisch, den Herr Krampe am Fenster seines Wohnzimmers stehen hat. Rollt er mit seinem Stuhl nach hinten, kann er bequem Gläser oder Romane aus der alten Eichenschrankwand greifen. Deswegen nennt er diesen Raum auch nicht Wohnzimmer, sondern BüWo. Meine Tochter und meine Frau sind von der rustikalen Einrichtung gleichermaßen fasziniert. So viel Wucht und Echtholz kennen sie nicht mal von den Großeltern, sondern höchstens aus Wiederholungen der allerersten Folgen von *Derrick*.

«Dann machen Sie mal an», sage ich.

Herr Krampe setzt sich. Der Stuhl ächzt. Auf seinem Schreibtisch steht ein großer, klassischer Rechner mit Turmgehäuse. Bevor er ihn hochfährt, greift er auf die Rückseite und schaltet am Kippschalter die Stromzufuhr zum Rechner ein.

«Das ist doch albern», murmelt Jonas.

«Ach», ruft Herr Krampe aus, «wie unhöflich von mir! Ich habe Ihnen allen noch gar nichts angeboten. Nun? Kaffee Zucker? Kaffee Milch? Fanta? Stilles Wasser? Kaffee schwarz?» Wulf, Jonas, meine Kleine, meine Frau und ich nicken der Reihe nach. Herr Krampe ist ein Menschenkenner.

Er geht in die Küche und beginnt, zu kramen und zu klimpern. Sofort fängt Fletcher an zu bellen.

Herr Krampe kehrt aus der Küche zurück und sagt: «Aus!»

Meine Tochter klagt: «Papa, ich will nicht mehr bleiben!»

«Fletcher tut nichts», beruhige ich sie.

«Weiß ich, aber das doofe Geräusch! Das tut weh!»

Besorgt beugt sich meine Frau zu unserer Kleinen und spitzt gleichzeitig selber die Ohren.

«Machen Sie mal kurz den Hund aus», sage ich.

Herr Krampe öffnet die Tür zur Terrasse. Fletcher flüchtet dankbar nach draußen.

Meine Frau sagt: «Ja, stimmt. Jetzt hör ich's auch.»

Wir Männer strengen uns an, zu hören, was der Hund und die Frauen wahrnehmen. Aufrichtig bemühen wir uns um Verständnis der feinsinnigen Antennen.

Herr Krampe sagt: «Der Rechner ist doch noch gar nicht hochgefahren.»

Ich grinse. Da ist sie, die Lösung.

Mag der Mann auch auf beiden Ohren taub sein, so kann er doch die Gequälten erlösen. Ich werfe einen triumphierenden Blick auf Jonas, der in wenigen Sekunden seine Wette verliert, führe meinen Zeigefinger langsam zum Kippschalter auf der Rückseite des Rechners und kappe die Stromzufuhr.

Frau und Tochter lauschen.

Ich frage: «Und?»

Meine Kleine sagt, in der unnachahmlich putzigen Art, in der sie jedem einzelnen gesprochenen Buchstaben seine individuelle Hülle aus Flausch überstreift: «Besser!»

Herr Krampe traut seinen Ohren nicht. Er pfeift Fletcher wieder ins Haus.

Misstrauisch schleicht der Hund auf den dunklen Granitstein des Wohnbüros. Hebt den Kopf. Lauscht. Und beginnt, mit seinem Herrchen zu kuscheln.

«Es ist nicht das WLAN», sage ich, «es ist das Netzteil Ihres Computers.»

«… dem ich jedes Mal den Strom kappe, wenn ich nicht arbeite.»

◼ FIEPENDE KOMPONENTEN ◼

Nicht bloß Netzteile können ein durchdringendes, hochfrequentes Fiepen von sich geben, das häufig nur Tiere, Kinder, Frauen oder besonders sensible Männer wahrnehmen und das den letzten Nerv rauben kann. Auch von Mainboards oder der Graphikkarte kann das rätselhafte Geräusch ausgehen. Aber nicht immer ist die Hardware schuld. Manchmal erzeugt auch das Kabel, mit dem etwa das Netzteil an die Stromversorgung angeschlossen ist, dieses Geräusch.

Ich nicke, stolz wie Oskar.

Google erfunden zu haben, dürfte kaum glücklicher machen als dieser Augenblick und der unbezahlbare Gesichtsausdruck von Jonas, der den Titel «Beklopptester Mensch» noch eine Weile lang behalten muss.

Eine Stunde später sitzen wir alle bei Luigi im Restaurant. Wir bekommen unser frisch zubereitetes Essen unter Regalen voller Weinflaschen und direkt auf den Putz gemalten Bildern italienischer Küstendörfer serviert.

Die Rechnung begleiche ich, obwohl ich die Wette gewonnen habe. Auf der Rückseite trage ich in Schönschrift die «bewirteten Personen» dieses überaus erfolgreichen dienstlichen Einsatzes ein.

DIE GROSSE GEILHEIT

Wulf zieht den letzten aller ihm verfügbaren Diagnose-Sticks aus dem wunderschönen Tower der solventen Kundin und steckt ihn in seine kleine, selbstgebastelte Steckleiste zurück. Nun haben wir alle diese kleinen Stäbchen ausprobiert und immer noch keinen Zugriff auf den rätselhaften Rechner bekommen.

Ein Phänomen, das ganz klar in die Kategorie «darf eigentlich nicht sein» gehört, denn die Software auf diesen Sticks ist absichtlich so geschrieben, dass sie eigentlich immer fähig sein muss, eine Diagnose zu stellen. In der Fachsprache nennt man das «weich konfiguriert». Mit dem «weichsten» dieser listigen kleinen Programmstäbchen stuft man den USB-Schlitz sozusagen auf die Version 1.1 herunter und behandelt den Rechner so, als wäre er ein uralter 486er. Man umgeht gleichsam allen fehleranfälligen Ballast. So wird es in 95 Prozent der Fälle möglich, auf die Firmware zuzugreifen, das Basissystem des Computers, das heute UEFI genannt wird und früher BIOS hieß. Von ihm geht alles aus. Zu ihm strebt alles hin, wenn es um die Suche nach den Ursachen der hartnäckigsten Fehler geht.

Auf dem Bildschirm, der an den Nobel-Tower mit dem Stahlgehäuse angeschlossen ist, steht: «Unexpected exit. Switching to clocksource.» Dieses Gerät ist wie ein Teenager in einer vollständig gespielten und unechten Dokumentation auf RTL 2. Egal, was wir tun, wir kommen nicht an ihn ran. Frustriert schüttelt Wulf den Kopf und öffnet den Internetbrowser

Unter der Ebene des Betriebssystems befindet sich der eigentliche Kern der Maschine, das BIOS. Schaltet man den Rechner ein, wird es zuerst ausgeführt. Damit vollbringt es eine elementare Aufgabe, die im Internet zu Recht als das Problem von der Henne und dem Ei bezeichnet wird. Damit die Programme auf der Festplatte ans Laufen gebracht werden können, müssen sie beim Hochfahren eines Rechners in den Hauptspeicher eingelesen werden. Dafür benötigt man allerdings wiederum ein Programm, welches den Programmen auf der Festplatte sagt, dass sie nun bitte in den Hauptspeicher wandern sollen. Säße dieses Programm an der gleichen Stelle wie die Programme, die es geordnet einzuweisen hat, würde gar nichts funktionieren. Das wäre so, als säßen die Lotsen am Flughafen nicht im Tower, von welchem aus sie alle Flugzeuge gleichzeitig überblicken und auf die richtigen Bahnen lenken, sondern selber jeweils in den Maschinen. Deswegen sitzt das «basic input/output system» (BIOS) nicht auf einer der im Rechner arbeitenden Festplatten, sondern direkt auf der Hauptplatine, dem Motherboard. Neben der eigentlichen, englischen Bedeutung stimmt es schönerweise mit dem altgriechischen Wort βίος, also «bios» für Leben überein. Es haucht dem Rechner in der Tat sein Leben ein. Auf ganz modernen Computern wurde das BIOS durch das UEFI ersetzt (Unified Extensible Firmware Interface), die vereinheitlichte erweiterbare Firmware-Schnittstelle, die es dem Nutzer einfacher machen soll, auf diese Basisebene zuzugreifen und Fehlerquellen zu analysieren. Natürlich macht das weiterhin kein normaler Mensch selber, sondern überlässt uns den Blick ins Innerste seiner Maschine.

auf seinem Computer, dem Problemkind seinen Rücken zugewendet.

«Was machst du jetzt?», frage ich. «Die Foren durchsuchen?»

«Pah!», winkt Wulf ab, als sei er fertig mit seinem renitenten Patienten. Auf seinem Monitor erscheint die Webseite der DENIC mit ihrem Feld für die Abfrage von Domainnamen. Normale Menschen spielen *Farmville* oder *Angry Birds*, wenn sie frustriert sind. Wulf schaut nach, welche Webseitennamen wohl noch so frei sein könnten. Zornig hackt er die Buchstaben in seine Tastatur.

www.geil24.de
Diese Domain ist bereits registriert.
www.geilgemacht.de
Diese Domain ist bereits registriert.
www.geilohneende.de
Diese Domain ist bereits registriert.

«Wulf», sage ich und lege ihm tröstend die Hand auf die Schulter. Brummend schiebt er sie vom Holzfällerhemd. Manche der Diagnose-Sticks hat er selbst programmiert. Wenigstens zum Teil. Er ist persönlich beleidigt.

«Es ist noch nicht vorbei», sage ich.

Wulf weiß das. Wir haben immer Möglichkeiten.

Jetzt müssen wir bei diesem Rechner noch elementarer werden und eine Diagnosekarte direkt auf das Motherboard anbringen. Sie ist dazu fähig, mittels winziger blinkender LED-Lämpchen jede einzelne Rechenoperation der Maschine anzuzeigen. Eine geheimnisvolle, an düstere Science-Fiction-Serien oder Hackerfilme erinnernde Maßnahme, die Wulf eigentlich sehr mag.

Manchmal lassen wir dabei die Rollos runter und dunkeln die Werkstatt ab. Rational betrachtet, um die Lämpchen besser erkennen zu können, aber eigentlich natürlich wegen der Dramatik. Es ist, als würde man die Schädelklappe eines Androiden öffnen und seinem Gehirn direkt beim Prozessieren zuschauen. Je nach dem Muster, welches die Lämpchen anzeigen, schlagen wir in einem echten, schweren Handbuch nach, was das Blinken im Hirn des Androiden zu bedeuten hat. Ein großer Moment für große Jungs.

Aber noch ist Wulf beleidigt und tippt weiter unermüdlich Domainnamen in die Suchleiste.

www.geilomat.de
Diese Domain ist bereits registriert.
www.geilhaus.de
Diese Domain ist bereits registriert.
www.geilgeil.de

«Meine Fresse!»

Ich hole ihm einen Kaffee aus unserem Premium-Automaten. Mittelstark und ein Hauch Milch. Genau, wie er ihn mag. Behutsam stelle ich die Tasse neben seine Tastatur.

«Ich finde dieses Menschenbild bedenklich», sage ich mit Blick auf seine Suchbegriffe.

«Ohne Geilheit gäbe es kein Internet. Die Pornoindustrie hat das Netz für alle überhaupt erst ermöglicht.»

Ich schaue auf die Uhr. In einer Stunde habe ich einen Termin bei einem Kunden drei Dörfer weiter. Das ist sowieso nicht genug Zeit, um die Rollos runterzulassen, die Lampen zu dimmen und uns in aller IT-Romantik den blinkenden Androiden-Lämpchen zu widmen. Besser, ich mache mich ein wenig über-

Jeder Computer und jede Spielkonsole rentieren sich nur, wenn sie jeweils eine sogenannte Killer-Applikation zu bieten haben. Eine Anwendung, eine Dienstleistung oder ein Spiel, das so außergewöhnlich und reizvoll ist, dass die Mehrheit der Menschheit nicht widerstehen kann.

Persönliche Computer zum privaten Bedarf (daher ja auch der Name PC) wurden erst denkbar und wirklich weit verbreitet, als sie graphische Benutzeroberflächen erhielten, die jeder ohne große Fachkenntnis bedienen konnte. Das Verfassen von Texten mit einem Programm statt mit einer Schreibmaschine bot unwiderlegbare Vorteile und fegte als «Killer-Applikation» eine komplette Industrie aus der Geschichte. Der erste Gameboy von Nintendo wäre ohne Tetris nicht so schnell zum Welterfolg geworden. Die erste PlayStation nicht ohne die sexy Amazone Lara Croft in den beeindruckenden 3-D-Katakomben von Tomb Raider. Die Welt von oben bei Google Earth oder die schnelle Direktnachricht per Text, Foto und Ton auf einen Knopfdruck bei WhatsApp: alles Killer-Applikationen.

Die bedeutsamste Killer-Applikation des World Wide Web ist die Pornographie. Der schnelle Zugriff auf unendliche Variationen heimlicher Sehnsüchte. Pornos machen unfassbare 30 Prozent des gesamten Datenverkehrs im Internet aus. Die größten Portale dieses Wirtschaftszweigs verzeichnen bis zu 4,4 Milliarden Klicks pro Monat! Der verruchte Zwilling von YouTube, die Gratispornoseite Youporn, übermittelt pro Sekunde bis zu 100 Gigabyte an Daten und nimmt alleine 2 Prozent des gesamten weltweiten Internetgebrauchs pro Tag in Anspruch. Der Bedarf an Material und Energie allein für die Serverbanker ist immens und dürfte sich mit dem Ressourcenverbrauch zur Herstellung von Nahrungsmitteln messen lassen. Man darf sagen: Ein Großteil des Klimawandels geht durch den Magen, der andere durch den Schwanz.

pünktlich auf den Weg und lasse Wulf mit seinem Frust über den renitenten Rechner erst mal in Ruhe.

«Ich fahr dann schon mal zum Termin in Selm, ja? Wasche vielleicht noch den Wagen auf dem Weg.»

«Ja», brummt Wulf. «Lass mich ruhig hier zurück.»

Mit zitternder Hand hebt er seine Tasse.

«Du Vogel», sage ich und streife mir meine Fleecejacke mit Werbeaufdruck der Firma über. Draußen am Kreisverkehr stehen sich wieder zwei Autos ratlos gegenüber. Auf dem grünen Hügel in der Mitte hebt ein Hund das Bein. Mit dem Schlüssel klimpernd sage ich noch: «Fang nicht ohne mich mit der Lämpchenkarte an!»

Statt zu antworten, gibt Wulf ein paar neue Adressanfragen bei der DENIC ein.

Mein Wagen sieht nicht gerade repräsentabel aus. Aber um ihn durch die Waschanlage zu fahren, bin ich echt zu faul. Obwohl es laut allen Ratgeberbüchern für geschäftlichen Erfolg die richtige Maßnahme wäre. Ein glänzender Dienstwagen suggeriert dem Kunden höchste Kompetenz, Macht und Einfluss. Infolgedessen kann man mit der Zeit saftigere Preise nehmen. Allerdings müsste man dazu bei Terminen auch Lackschuhe und einen Anzug oder wenigstens ein Sakko zur 500-Euro-Jeans tragen statt Sneakers und eine flauschige Fleecejacke, bei der sich das «P» im aufgestickten «PSC»-Logo langsam ablöst.

Was die Erfolgsratgeberbücher allerdings außer Acht lassen: Die Sache mit der Kundenpsychologie sieht in der Provinz etwas anders aus. Hier bei uns hieße es über jeden Computerfritzen, der ernsthaft mit schwarz glänzendem Leder an den Füßen oder einem staub- und katzenhaarfreien Jackett auftaucht: Das ist ein Schmierlappen. Dem trauen wir nicht. Zwischen Münster-Hiltrup und Hamm-Bockum-Hövel ist die Fleecejacke das Sakko des kleinen Mannes.

Schnöde lasse ich die Tankstelle mit der Waschanlage links liegen. Dafür halte ich kurz vor dem Ortsausgang spontan auf dem Parkplatz des Landmarktes vom alten Herrn Grütering.

Vor der Tür stapeln sich Säcke mit Gartenerde und Mulch auf Paletten. In einem großen Vorratsgerüst liegen Netze mit Kaminholz. Ein paar Scheite für satte 2,99 Euro. Eine Minipackung für die Hobby-Amateure, die ihren Deko-Kamin nur drei Mal im Jahr anwerfen, wenn Besuch aus der Großstadt kommt. Kaminholz in derlei winzigen Portionen zu kaufen, ist ungefähr 350 Prozent teurer, als wenn man beim Grütering eine Jahresportion zum Selberhacken erwirbt. Jeder, der in diesem Landstrich zum winzigen Kaminholznetzchen greift, outet sich gnadenlos als Zugezogener. Der alte Grütering würde sagen: «Man kriegt die Menschen zwar aus der Stadt, aber die Stadt nicht aus den Menschen.»

Ich betrete den Landmarkt und nehme mir eine Cola aus dem leise brummenden Kühlschrank sowie einen Schokoriegel aus dem Pappaufsteller auf der Kassentheke. Dahinter erhebt sich der Giftschrank. Unkrautvernichter und Insektenspray in abgeschlossenen Glasvitrinen. Darunter das Regal für die zwei oder drei Pakete, die Menschen hier pro Tag im integrierten Hermes-Shop abgeben. Aus unsichtbaren Boxen säuselt das

Lokalradio noch leiser als bei uns im Büro aus dem Werbefernseher. Ein Mensch ist weit und breit nicht zu sehen.

Ich warte.

Die Päckchen von Hermes könnte ich unbemerkt mitnehmen.

Auf einem Sideboard prozessiert der Computer des Landmarkts vor sich hin, über den man allerlei nicht Vorrätiges bestellen lassen kann. Ein ganz normaler Desktop. Er zeigt die Passworteingabe für den Benutzer an. Zwischen ihm und der eigentlichen Kasse steht eine rote Geldkassette, denn der Paketdienst wird einzeln abgerechnet. Die Geldkassette ist geschlossen. Der kleine Schlüssel steckt. Sein Ersatzzwilling baumelt direkt neben ihm an dem dünnen Ring.

«Warum sagen Sie denn nichts», ertönt eine tiefe Stimme hinter mir. Herr Grütering, der Chef höchstpersönlich. «Ist keiner da?», fragt er mich.

«Ihr Personal besticht durch höfliche Zurückhaltung», antworte ich. «Gibt doch nichts Schlimmeres, als wenn man irgendwo reinkommt und es direkt heißt: Kann ich Ihnen helfen?»

Herr Grütering begibt sich grummelnd hinter die Theke und scannt meine beiden Artikel ein.

«Mit dem Rechner im Büro läuft alles?», frage ich.

«Einwandfrei. Wenn Sie jetzt noch kurz meine Angestellten … wie heißt das?»

«Updaten?»

«Ja, genau. Einfach runterschmeißen von der Platte und neu installieren.»

Ich lache: «Nicht wegen mir, Herr Grütering. Nicht wegen mir.»

Zwanzig Minuten Fahrt und 550 Zuckerkalorien später klingele ich bei meinem Termin. Das Ehepaar Kucharzik bewohnt eine Doppelhaushälfte. Schmaler Weg zur Tür, Vorgarten aus sehr viel Rheinkies, aus dem lediglich ein paar dieser pflegeleichten Stachelbäume wachsen. Die Tür hat ein rechteckiges Fenster aus braun getöntem Glas und ist strahlend weiß. Auf dem schmalen Vordach, das beim Herausfriemeln des Schlüsselbunds den Regen abhalten soll, sitzt eine große schwarze Dohle aus Kunststoff.

«Herr Spielbusch!»

Herr Kucharzik wirkt aufgekratzt und zugleich erleichtert, dass ich da bin. An seinen Fußknöcheln springt ein kleiner Mops herum, dessen Augendurchmesser der Länge seiner Beine entspricht. Der Hund macht einen Schritt auf mich zu und weicht kurz vor meinem Hosenbund wieder zurück.

«Otto, ist ja gut!»

Im Obergeschoss wird ein Staubsauger angeworfen.

«Kommen Sie rein», sagt Herr Kucharzik.

Er führt mich durch einen gefliesten Flur in die Küche. Landhausstil, Massivholz. In einem Bücherregal reihen sich achtzig bis hundert Kochbücher in allen Formen und Farben aneinander. Auf einem Schneidbrett aus massivem Marmor liegt ein Küchenmesser aus Damaszenerstahl. Ein Traum. Ich habe einen Blick für so was, den mir niemand zutraut. Hätte die IT mich nicht erobert, wäre ich womöglich Hausmann geworden.

«Sie kochen?», frage ich.

«Meine wahre Leidenschaft», betont Herr Kucharzik, als gäbe es auch noch eine unwahre, die ihm ständig bloß unterstellt wird.

Auf der Arbeitsfläche steht sein Laptop neben einem Obstkorb aus verchromtem Stahl. Ich prüfe die Grundvoraussetzungen mit einem Blick. Windows 7. Saubere Tastatur. Aufgeräumter Desktop. Sieht doch gut aus.

Mops Otto schnüffelt an meinen Schuhen und weicht wieder zurück, als wären wir zwei positiv geladene Magneten.

Herr Kucharzik öffnet eine Schranktür und offenbart dahinter Dutzende schwarzer Teedosen.

«Eher grün? Schwarz? Kräuter? Früchte?»

Angesichts dieser geballten Teeautorität traue ich mich nicht, «Kaffee» zu sagen.

«Öh ... grün?», stammele ich.

GOLDENE REGEL IM UMGANG MIT KUNDEN:
Wenn der Kunde dir ein Getränk nicht bloß aus Pflichtgefühl und Höflichkeit anbietet, sondern weil es zu seinen Leidenschaften gehört – nimm an! Es sei denn natürlich, bei dem Getränk handelt es sich um vierzig Jahre alten Whiskey. Hier gilt es, dezent auf Nüchternheit im Dienst hinzuweisen, egal wie lange die Ausführungen zu der tollen Spezialität ausfallen. Ansonsten gilt für Kunden das Gleiche wie für Urvölker und Stämme: Willst du ihr Wohlwollen und ihre Achtung behalten, dann iss und trink.

Herr Kucharzik greift nach einer Dose. «Dann mache ich uns einen halbfermentierten Jinxuan Oolong. Angepflanzt in Hanglage im Norden von Thailand. Sehr zitronig, aber eine markante Süße.»

Herr Kucharzik beginnt mit der Zubereitung.

Im Obergeschoss verstummt der Staubsauger, Schritte ertönen auf der Treppe, eine Tür wird geöffnet und wieder geschlossen. Das Gerät springt wieder an.

Otto knurrt.

«Was kann ich denn für Sie tun, Herr Kucharzik?»

Der groß gewachsene Mann mit dem dünnen Hals und den Augen eines Studienrats schaut mich an, während das Teewasser zu kochen beginnt. Er seufzt. Dann sagt er, ernst wie ein Klostervorsteher: «Herr Spielbusch. Wie kann ich mich vor Spam schützen? Also, vollständig. Hundertprozentig. So, dass nichts mehr durchkommt. Ich habe da, nun, wie soll ich sagen? Ich habe da ziemlich großen Ärger mit.»

Ich lache: «Den haben wir doch alle!»

«Nein», sagt Herr Kucharzik. «Nicht den normalen … eher, *richtig ernsthaften* Ärger.»

Der Staubsauger geht erneut aus. Eine Tür wird ruckartig geöffnet und knallt gegen die Wand. Schritte nähern sich. Herr Kucharzik blickt in Richtung der Bedrohung. Seine Frau betritt die Küche. Sie ist ähnlich hager und kantig geschnitten wie er. Ich frage mich, wie das möglich ist, bei hundert Kochbüchern, die «mit Leidenschaft» benutzt werden.

«Sie sind der Computermensch?», fragt Frau Kucharzik, doch streng genommen klingt es nicht wie eine Frage. Eher wie ein Vorwurf.

Ich nicke. Das lose «P» auf meinem Fleecepulli wackelt.

«Ja, dann sehen Sie mal zu, dass Sie die Adresse dieser Russin rauskriegen, mit der mein Mann ständig schreibt! Und die dieser Bulgarin direkt mit!»

Ich versuche, zu begreifen, was Frau Kucharzik sagt.

Das Wasser kocht.

Otto umkreist die schmalen Füße seines Frauchens, mit dem Schwänzchen wackelnd.

Herr Kucharzik startet sein Mailprogramm. Er öffnet zwei, drei Mails in seinem Junk-Ordner und schiebt die Fenster fein säuberlich nebeneinander.

> Von: olga1982@mail.ru
> An: teemeister555@web.de
> Betreff: Wieder treffen
>
> Hallo mein Hengst,
> wollen wir uns mal wieder verabreden?
> Es war heiß.
> Melde dich,
> Olga

> Von: sofiaXXX@date.de
> An: teemeister555@web.de
> Betreff: Heißes Treffen
>
> Hallo Süßer!
> ich habe dein Profil gesehen und dachte mir, es könnte heiß werden mit dir ... also wenn wir beide zusammen es mal so richtig krachen lassen würden *zwinker*
> Magst mir ne Freundschaftsanfrage stellen? Dann können wir mal was ausmachen?
> http://www.zusammentreffen-44.date/7OjiAmbBDhuW/
> Tschau, ich kanns kaum erwarten :-)
> Bussi
> Sofia

Ich lese die Mails und kann mir ein Lachen kaum verkneifen. So ernst und beruhigend wie möglich sage ich: «Frau Kucharzik. Ich versichere Ihnen, dass diese bei Ihrem Mann eingehenden Mails Spam sind. Werbung. Ungewollt empfangene Post.»

Frau Kucharzik schaut auf den Bildschirm.

Auf ihren Mann.

Auf den Bildschirm.

Auf mich.

Ihr Blick? Zwanzig Jahre alter Tee aus reinen Bitterstoffen.

Sie sagt: «Schon klar. Ich verstehe. Ihr Männer steckt alle unter einer Decke.»

Herr Kucharzik schnauft. Kopfschüttelnd stopft er die thailändischen Zitronenblätter in die Tassen und gießt das Teewasser darauf.

Frau Kucharzik sagt: «Woher hat diese Olga seine Mail-Adresse?»

«Die werden gehandelt», sage ich. «Kontaktdaten sind die wichtigste Ware im Netz.»

Frau Kucharzik schüttelt den Kopf. Sie drückt ihren Fingernagel so fest auf das Display des Monitors, dass die Siliziumzellen dahinter ins Schwimmen kommen und ein gräulicher Fleck hinter dem Wort entsteht.

«Und in dieses Sexnetzwerk hat sich mein Mann ganz aus Versehen eingetragen, oder was? Von wegen: ‹Ich habe dein Profil gesehen›?»

Herr Kucharzik dreht sich um und wird das erste Mal laut. «Verdammt noch mal, Ursula, ich habe kein Profil bei www.zusammentreffen-44.date.de. Und auch keins bei parkplatzsex.nrwerotik.com, joyclub.de oder diskret.de.»

Herr Kucharzik schiebt mir die Tasse hin. Ich denke mir im Stillen: Okay. Die Namen dieser Anbieter hat er sich aber ziemlich gut gemerkt.

Zornig zeigt Herr Kucharzik auf seine augenlodernde Frau.

«Sie weiß auch gar nicht, was sie mir morgen unterstellen soll oder gestern noch unterstellt hat. Kürzlich kam Spam von so einer Seite mit Dominas rein und da glaubte meine Frau, ich würde mich seit neuestem auch noch heimlich auspeitschen lassen. Ja, was denn noch? Schwule Parkplatztreffen?»

Frau Kucharzik nimmt den Finger vom Display: «Ha! Da sagt er's doch! Da sagt er's doch selber, der Hund! Ich habe noch keine, Herr …» – Frau Kucharzik schaut mit zusammengekniffenen Augen auf meinen Pullover und biegt mit spitzem Finger das «S» nach oben – «… Spielbusch. Ich habe noch keine einzige Mail auf dem Rechner meines Mannes gesehen, die von einem Schwulen gekommen wäre. Nun? Was sagt Ihnen das?»

Langsam gerate ich ins Schwimmen.

Sicher hat Herr Kucharzik keine echten Sexkontakte. Auf keinen Fall fährt der Teemeister nachts heimlich auf Parkplätze. Aber schaue ich mir die Gesamtliste der Post in seinem Spamfilter mal so an, komme ich auf eine Schlussfolgerung, die ich als guter Dienstleister nicht aussprechen darf.

▬ BITTE ABSPEICHERN ▬

Spam kann niemand verhindern, der eine Mailadresse hat. Allerdings lassen sich sowohl die Menge wie auch die Art des Spams beeinflussen. Und umgekehrt aus dem «Spam-Profil» eines Nutzers Rückschlüsse auf sein Internetverhalten ziehen. Die Menge hängt davon ab, wie offenherzig man im Netz seine Mailadresse platziert. Dazu zählt auch die Nutzung beim Online-Shopping oder bei der Registrierung auf allen möglichen harmlosen Portalen wie Mietwagenfirmen, Hotelreservierungsseiten oder auch nur der Internetseite der Deutschen Bahn.

Alle großen Anbieter handeln mit Daten und erstellen Profile der Nutzer, sodass Werbung in jedweder Form so individuell wie möglich zugeschnitten werden kann. Wer weniger harmlose Seiten besucht und sich beispielsweise lediglich ein paar Sexvideos anschaut, ohne (!) sich in irgendeiner Weise zu registrieren oder gar ein Kundenkonto oder Profil im virtuellen Rotlichtviertel anzulegen, sollte sich trotzdem nicht wundern, wenn sich der Anteil der Sexpost im Spambereich signifikant erhöht.

Gerade die finanziell bestens ausgestattete Pornobranche hat Software in Betrieb, die fähig ist, die Mailadressen auf dem Rechner auszulesen, der gerade auf die Seite zugreift, wenn der Nutzer gleichzeitig mit dem Browser seinen Mailclient geöffnet hat.

Der beste Weg, sein privates Postfach so werbefrei wie möglich zu halten, besteht darin, sämtliche Geschäfte im Netz sowie die Profile bei sozialen Netzwerken und die heimliche Surferei durch die Untiefen der menschlichen Bedürfnisse alle mit jeweils vollkommen separaten und voneinander unabhängigen Mailadressen zu betreiben und die «eigentliche» Hauptadresse wirklich nur ein paar engen Freunden und Familienmitgliedern zu verraten – und zu hoffen, dass diese wiederum keinen Trojaner auf den Rechner bekommen, der sämtliche Kontakte ihres Adressbuchs zu Werbezwecken abschöpft. Ein vollständiger Schutz vor unerwünschter Werbung ist im 21. Jahrhundert unmöglich. Sogar in der echten Welt. Der umtriebigste Händler mit Adressen, um den unverlangten Versand von Katalogen und Werbeangeboten im Briefkasten zu ermöglichen, ist nämlich die Deutsche Post.

Ich überlege, was ich sagen könnte, um die Situation zu entschärfen. Es herrscht wirklich eine Krise zwischen diesen beiden Ehepartnern, und ich stehe hilflos dazwischen wie ein Zwölfjähriger.

Herr Kucharzik öffnet wütend weitere Werbemails. Seine Finger hacken auf die Tasten, als wollten sie die kleinen Kunststoffquadrate durch den Laptop in die Arbeitsplatte treiben.

«Hier, Ursula! Guck, was da steht!»

Von: newsletter@haandemol-news.info
An: teemeister555@web.de
Betreff: dicker BMW O,- Leasing

3 Jahre BMW fahren für O,- Euro!
Hallo Herr Alfons Kucharzik,
BMW Leasingfahrzeug Ihrer Wahl. Fahrbereit ab
Mai 2017.
3 Jahre Leasing, inkl. 30 000 KM pro Jahr,
Versicherung und Servicekosten zum Nulltarif.
In 4 verschiedenen Farben, als Off-Road oder
Limousine.
BMW gratis fahren: BMW-Tester.de
Viel Spaß,
Ihr
Haan de Mol Team

«So was kommt auch jeden Tag rein! Und? Ursula? Glaubst du, dass ich von selber Angebote von dieser bayerischen Drecksfirma einhole?»

Ich nippe verlegen an der Tasse und schaue aus dem Fenster. Vor der Tür steht ein E-Klasse-Mercedes, glänzend und geputzt, wie es der Erfolgsratgeber empfiehlt.

Herr Kucharzik öffnet das nächste Fenster.

Von: rieq@gmail.com
An: teemeister555@web.de
Betreff: Kredit bis 100 000 Euro ohne Schufa

Unbürokratisch & schnell, kostenlose Kreditanfrage mit Sofortzusage – auch in schwierigen Fällen!
Klicken Sie hier und beantragen Sie Ihren Kredit kostenlos online

«Da! Kommt auch ständig rein. Und jetzt sag mir, Ursula: Brauche ich einen Kredit? Haben wir Geldprobleme?»

«Mittlerweile wahrscheinlich schon, wenn du heimlich die ganze Kohle zu diesen Nutten schleppst!», schreit Frau Kucharzik.

Der Mops jault.

Ich verschlucke mich am Tee. Meine Fresse, ist dieser Beruf anstrengend.

Ich stelle die Tasse ab und platziere mich zwischen den Streithähnen. «Frau Kucharzik», sage ich, «Sie haben das Recht, misstrauisch zu sein …»

«Wie bitte?», empört sich der Ehemann.

Ich drehe mich um: «Lassen Sie mich ausreden!»

Mops Otto macht einen Sprung in Richtung meiner Wade, dreht noch in der Luft ab und kugelt sich auf dem Boden.

Ich sage: «Sie haben das Recht, misstrauisch zu sein, weil es nicht immer Zufall ist, welche Werbung man bekommt …»

«Ha!», stößt Frau Kucharzik aus. «Wusste ich's doch!»

Ich hebe die Hand. «... und Ihr Mann könnte all diese Post, die garantiert Spam und nichts Persönliches ist, selbst dann bekommen, wenn er niemals eine versaute Seite besucht hat!»

Frau Kucharzik stockt: «Wie denn das?»

«Hat er Freunde? Kumpels? Männliche Bekannte, mit denen er mailt?»

«Natürlich.»

«Sehen Sie. Wenn die Sexpost bekommen und Ihr Mann denen schreibt, sodass seine Adresse in deren Computer ist, gerät sie auf diese Weise in den Schmuddelverteiler.»

Frau Kucharzik verschränkt trotzig die Arme. Dass ihr Mann womöglich doch kein heimlicher Betrüger sein könnte, scheint ihr wenig zu behagen.

«Und wieso bekomme ich nie Sexwerbung williger Männer in mein Postfach?»

«Weil es diesen Markt nicht gibt», antworte ich.

Frau Kucharziks Lippen ziehen sich zu zwei Strichen zusammen. Der Mops rappelt sich auf und schnuppert an meiner Hacke.

Ich lege nach: «Kennen Sie diese großen Plakate? Saunaclub soundso, 150 Girls. Ein Preis. Schon mal gesehen?»

Frau Kucharzik verzieht das Gesicht. «Flatratebordelle», spuckt sie das Wort förmlich aus. «Es ist alles so widerlich.»

«Ganz richtig», sage ich. «Und? Haben Sie jemals ein Plakat gesehen, auf dem stand: Saunaclub Damenfreude. 150 Boys. Ein Preis?»

Frau Kucharzik schüttelt den Kopf.

«Sehen Sie ...»

Frau Kucharzik sieht ihren Gatten und mich lange an. Ihre Lippen durchlaufen dabei seltsame Metamorphosen. Nach einer Weile schüttelt sie den Kopf, dreht sich um, geht zur Tür, wendet sich wieder zu uns, hebt den Finger, der vorhin fast das Display durchbohrte und sagt, jede einzelne Silbe mit dem spitzen Nagel betonend: «Al-le un-ter ei-ner De-cke!»

Dann verschwindet sie, gefolgt von Mops Otto.

Herr Kucharzik vergräbt das Gesicht in den Händen.

Ich sage: «Die Zeit fürs Briefeschreiben ist gekommen. Passt doch auch gut zum Tee. Und wissen Sie was? Die Leute liegen Ihnen zu Füßen, wenn sie einen echten Brief bekommen.»

Bis ich wieder im Büro bin, dauert es noch zwei Stunden. Ich habe Herrn Kucharzik dabei geholfen, seinen Account zu löschen, neue Mailadressen anzulegen und seine wirklich echte Post zu übertragen. Trotzdem bleibe ich bei meiner Empfehlung des demonstrativen Entzugs.

Im Büro sind sämtliche Rollos heruntergelassen. Wulf sitzt im Dunkeln und hat zwei Dutzend Kerzen angezündet. Aus seinem kleinen Abspielgerät für den iPod säuselt sanfte elektronische Musik. Ich glaube, es ist Jean Michel Jarre. Der Rechner der solventen Kundin steht offen wie ein Androidenkopf auf dem Schreibtisch. Die Testkarte mit den blinkenden Lämpchen liegt auf einem schwarzen Samttuch daneben. Aufreizend und einsatzbereit. Im flackernden Schein der Kerzen sieht Wulf mich vorwurfsvoll an.

«Ich warte hier auf dich, schon eine halbe Kerzenlänge lang.»

«War sehr schwierige Kundschaft», sage ich und lege meine Fleecejacke ab.

«Bist du denn noch in der Stimmung?», fragt Wulf, «oder kannst du erst morgen wieder?»

Ich verkneife mir das Lachen, nehme seine Hand, schaue ihm in die Augen, greife nach der Testkarte und sage: «Lass es uns tun, Baby!»

Eines Tages werde ich in Frieden arbeiten können, denke ich, während das Telefon klingelt, Beate flucht und der Kunde anlässlich Wulfs wortsparender Erklärung des Problems fassungslos auf seinen Laptop starrt. Im Radio verkünden sie schwere Gefechte in Aleppo und danach unschlagbare Angebote bei Media Markt.

Beate versucht, mit dem Staubsaugerrohr ein paar Körner aus dem Geflecht der alten Tastaturen und Monitorkabel im Regal hinter der Werkstatttür zu saugen. Als sie die Düse wieder herauszieht, schlingen sich ein paar Kabel darum wie Lianen im Dschungel. Der ganze gigantische Knoten aus Gerätschaften und ummanteltem Kupfer gerät ins Rutschen und fällt aus dem Regal. Alles ist miteinander verbunden. Bevor das Fach vollkommen leer ist, bleibt das letzte Kabel mit einer seiner gummiummantelten Schrauben des uralten VGA-Anschlusskabels an der Kante des Regalbretts hängen. Nahezu trotzig klammert sich der veraltete Stecker für zwei Sekunden fest. Dann reißt das schwere Knäuel, dessen Ende er bildet, auch ihn in die Tiefe.

Beate schaltet den Sauger aus und stemmt die Fäuste in die Hüften: «So. Jetzt ist das Brett frei. Aber glaubt mal nicht, dass ich es jetzt auch noch wische!»

Ich schaue auf die Nummer, die so beharrlich immer wieder von neuem anruft, bevor der Anrufbeantworter anspringen kann. Mit dem Telefonieren ist es bei mir wie mit der Gesundheit. Wer darauf drängt, dass ich unbedingt auf der Stelle abnehmen soll, erreicht garantiert das Gegenteil. Ich ziehe am Vanille-Liquid.

Der Kunde, dem Wulf gerade in einem Wort sein Problem auf dem Laptop erklärt hat, zeigt auf das Knäuel aus Tastaturen und Anschlusskabeln. «Als meine Frau und ich das Haus übernommen haben, zog ich eines Vormittags mit Hilfe einer Mistgabel einen medizinballgroßen, pechschwarzen Knubbel aus Schlamm, Verwesung und alten Pflanzenwurzeln aus dem verwahrlosten Gartenteich. Der sah so ähnlich aus.»

Beate tippt das Geflecht mit der Fingerspitze an, als könnte es noch leben, und fragt: «Stank der Teichknubbel auch so?»

«Aber wie! Das Wasser begann zu sprudeln wie in einer frisch geöffneten Flasche Gerolsteiner. Mit einem Schlag hatten wir große Methanvorkommen freigesetzt. Alles, was auf der Oberfläche schwamm – Blätter, Zweige, ein Wasserläufer –, wurde augenblicklich in die Tiefe gerissen. Ein echter Blow-out, im Gartenteich!»

Beate zieht sich Einweghandschuhe über und schüttelt vorwurfsvoll den Kopf wie eine Chirurgin bei *Grey's Anatomy*, die nur von Anfängern und Idioten umzingelt ist. «Es sind die Bakterien», sagt sie, «die Bakterien auf und zwischen den alten Tasten. Normalerweise müssten wir hier Atemschutzmasken tragen.» Sie schiebt mit den Füßen die große Plastikkiste zum Regal, die als Behälter für kleinen Elektronikschrott neben dem Altpapierdepot unter dem Fenster steht. «SARS, Tuberkulose, Streptokokken. Alles drin!»

Das Telefon klingelt erneut.

Eines Tages, denke ich, stehe ich in der Frühlingssonne auf, mache Kniebeugen auf der Terrasse, in einem Seidenbademantel, komme in ein Büro, aufgeräumt und aus neu erfundenen Stimmungsdüsen duftend wie Sumatra nach einem frischen

Tropenregen, setze mich an meinen Chefschreibtisch und erledige Aufgaben, eine nach der anderen, im Fluss des Lebens, ohne Unterbrechung.

«Wollen Sie nicht abnehmen?», fragt mich der Kunde.

Statt auf diese fürchterliche Frage zu antworten, tippe ich auf seinen Monitor und erläutere genauer, wofür Wulf sich vor ein paar Minuten nur ein Wort seines Tagesvorrats gegönnt hat. Das Wort hieß: «Locky-Trojaner».

Sich dieses Mistvieh auf dem Rechner einzufangen, ist eine kleine traumatische Erfahrung. Da benötigt es ein wenig mehr Betreuung.

Ich sage: «Herr …?»

«Mantelbach. Aber sagen Sie ruhig Ulli. Wir können uns duzen.»

Ulli gibt mir die Hand.

«Philipp.»

> GOLDENE REGEL IM UMGANG MIT KUNDEN:
> Wenn der Kunde dich duzen will, lass dich duzen. Das Einzige, was du niemals, unter keinen Umständen, versprich es hier und jetzt, zulassen darfst, ist, dass der Kunde für dich einen verniedlichenden Spitznamen verwendet. In dem Augenblick, wo du erlaubst, statt als Philipp als Phibbs oder statt als Michael als Michi angeredet zu werden, ist deine Autorität selbst bei bester Fachkenntnis dahin.

Auf dem Display von Ullis Rechner steht in grauer Schrift auf schwarzem Grund: «!!! WICHTIGE INFORMATIONEN !!!

Alle Dateien wurden mit RSA-2084- und AES-128-Ziffern verschlüsselt. Mehr Informationen über RSA können Sie hier finden.»

Es folgen Links zu Wikipedia-Artikeln und schließlich der Hinweis: «Die Entschlüsselung Ihrer Dateien ist nur mit einem privaten Schlüssel und einem Entschlüsselungsprogramm möglich, welches sich auf unserem Server befindet.»

Ulli sagt: «Das liest sich wie ein Text, der mir helfen soll, meinen Computer zu retten.»

«So ist es auch», sage ich, «aber der Text stammt von den Kidnappern selbst. Den Arschlöchern, die durch den Trojaner deinen Rechner gekapert haben.»

Der gute Mann kann es nicht fassen. Es ist ja auch unglaublich. Unglaublich frech. Unglaublich unverschämt. Unglaublich geschickt.

▰ KRYPTO-TROJANER ▰

Anders als Trojaner, die den Rechner ausspionieren und Tastenanschläge mitlesen, nimmt ein Krypto-Trojaner wie Locky den ganzen Rechner als Geisel. Er verschlüsselt sämtliche Daten und macht sie für den Nutzer unzugänglich. Nur durch ein Entschlüsselungsprogramm der Kidnapper selber kommt man wieder an seine Daten. Dieses Programm wiederum ist echt und gibt den Rechner tatsächlich wieder frei. Lädt man es sich herunter, zieht man sich auch nicht noch mehr Schädlinge auf die Platte. Allerdings kostet die Entschlüsselung natürlich horrend viel Lösegeld.

Im Frühjahr 2016 zählte der Sicherheitsforscher Kevin Beaumont laut Angaben von heise.de allein in Deutschland 5000 Infektionen von Rechnern pro Stunde. Da Trojaner niemals schlafen, macht das 120 000 virtuelle Entführungen und

Erpressungen pro Tag! Das Schlaue und Boshafte an solchen Programmen ist, dass sie – einmal im System – alle Geräte infizieren, die an das jeweilige Netzwerk angeschlossen sind. Sogar dann, wenn ein einzelnes Gerät nicht einmal zur Nutzung im Netzwerk freigeschaltet ist. Es reicht schon, dass das Kabel steckt. Das Speichern der Daten bei Diensten wie Dropbox & Co. schützt in diesem Fall die Daten nicht. Professionelle, cloudbasierte Backuptechniken allerdings schon! Solche Programme wie Locky nennt man in Abgrenzung zu nerviger, aber harmloser «Adware» auch «Ransomware», vom englischen Wort «ransom» für Lösegeld. Der erste Erpressungstrojaner der Computergeschichte war 1989 die naturgemäß noch per Hand verbreitete und nicht als Schädling zu erkennende «AIDS TROJAN DISK». Bis heute hat niemand, nicht einmal der nahezu allmächtige wortkarge Wulf, einen Weg gefunden, einen Rechner zu retten, ohne das Lösegeld zu zahlen.

«Das heißt, wir müssen jetzt zahlen?», fragt Ulli.

«Wenn du kein aktuelles Backup hast, ja», antworte ich. Das stellt ohnehin den einzigen Schutz vor Erpressungstrojanern dar. Seine Daten regelmäßig auf externen Festplatten oder auch ganz schlicht auf gebrannten DVDs zu sichern, die während des Normalbetriebs des Rechners niemals mit ihm verbunden sind.

Ulli reibt sich den Nacken.

«Wer macht denn so was?», fragt er.

«Früher nur extrem versierte Fachleute», sage ich. «Heute? Im Prinzip jeder, der zu faul ist, sein Geld auf ehrliche Weise zu verdienen, und zu feige, echtes Kidnapping zu veranstalten, bei dem er durch Kugeln des Sondereinsatzkommandos zersiebt werden kann.»

«Aber das kann doch trotzdem nicht jeder, oder?», fragt Ulli.»

«Es gibt Bausätze für Crimeware», antworte ich und finde es schrecklich, dass ich das einfach so lapidar dahersagen kann. «In Untergrundforen, im Dark Web. Mit den Dingern kann sich jeder seinen eigenen Erpressungstrojaner basteln und auf die Menschheit loslassen. Das Startbudget für die Server und Maildienstleistungen vorausgesetzt. Die Dinger verbreiten sich über Dateianhänge. Was hast du geöffnet?»

«Nix! Ich hab nix gemacht!»

Wulf steht auf, schlurft in den Empfang, zieht mit einem lauten «Plopp!» die Kappe vom Boardmarker und macht mit quietschendem Geräusch einen Strich neben der am häufigsten geäußerten Kundenphrase.

«Du musst irgendwas geöffnet haben», beharre ich. «Erpressungsprogramme sind Programme. Das bedeutet, man muss sie starten. Meistens stecken sie im Makro-Code von Office-Dokumenten.»

BITTE ABSPEICHERN

Schützen Sie sich vor Trojanern, indem Sie niemals und unter gar keinen Umständen Anhänge öffnen, denen Sie nicht hundertprozentig vertrauen. Selbst Freunde und Bekannte können manchmal ungewollt komische Dateien oder seltsame Links zu angeblich interessanten Seiten oder lustigen Filmen schicken, hinter denen sich in Wahrheit das Unheil verbirgt. Zum Beispiel, weil ihr Rechner von einem anderen Trojaner befallen wurde, der unbemerkt und ohne Zutun des Nutzers Spam an alle Kontakte aus dem Adressbuch des Systems verschickt.

Das erkennen Sie gut daran, wenn eine Mail Ihres Freundes oder Bekannten nicht so geschrieben ist wie sonst, sondern er oder sie komischerweise nur den reinen Link mit lediglich einer kurzen Bemerkung wie «Schau mal» oder Ähnlichem versendet. Wenn es nicht so aussieht, als war es der Freund selbst, war er's auch nicht. Sollten Sie Freunde haben, die grundsätzlich nur so kurz und nichtssagend kommunizieren, dass man ihre Post nicht von der unterscheiden kann, die Spam-Bots verschicken, hilft es nur, die Freunde zu wechseln. Eine zweite Sicherheitsmaßnahme besteht darin, in Office-Programmen die automatische Ausführung von eingebette-tem Makro-Code abzuschalten. Klicken Sie hierzu links oben auf Datei – Optionen – Sicherheitscenter (oder Trustcenter). In dem sich öffnenden Fenster klicken Sie dann auf «Einstel-lungen für das Sicherheitscenter». Direkt oben sehen Sie schließlich vier mögliche Einstellungen des Programms für den Umgang mit Makros. Voreingestellt ist die Option: «Alle Makros mit Benachrichtigung deaktivieren.» Das bedeutet, dass Makros deaktiviert sind, Sie aber benachrichtigt werden, falls welche in einem Dokument vorhanden sind. So können Sie je nach Situation entscheiden, ob Sie die Makros dann per Hand aktivieren wollen. Diese Einstellung ist in Ordnung. Der Punkt darüber («Alle Makros ohne Benachrichtigung deaktivieren») ist noch strenger. Wer den letzten Punkt, «Alle Makros immer öffnen», aktiviert, ist lebensmüde. Klicken Sie ihn nur in einem unbeobachteten Moment auf dem Rechner eines Menschen an, der Sie zutiefst verletzt hat, und freuen Sie sich darauf, dass er sich in absehbarer Zeit einen Erpres-sertrojaner einfangen wird.

Ulli überlegt.

«Da gab es diese komische Nachricht von meinem Cousin. Ich denke mir doch nichts Böses, wenn mein Cousin mir etwas schickt …»

Wulf seufzt.

Ulli sagt: «Und wir müssen jetzt wirklich für meine Daten Lösegeld zahlen?»

Das Telefon klingelt. Wieder dieselbe Nummer wie vorhin. Es hilft alles nichts. Kein Weg führt daran vorbei. Kein Trotz der Welt ändert etwas daran: Ich muss abnehmen.

«Mutter, was ist denn? Ich habe hier Kundschaft in der Firma.»

Noch während ich meine Mutter begrüße, setzt die innere Meditation ein. Sie ist wichtig, wenn ich mit meiner Schöpferin telefoniere. Früher regte ich mich auf. Heute akzeptiere ich alles, was aus Mutters Mund auf mich zukommt. Ich habe mir dafür ein inneres Bild zurechtgelegt. Es ist der Mönch aus Roland Emmerichs Weltuntergangsfilm 2012, der im Hochgebirge auf der Terrasse seines Klosters steht und mit offenen Armen die tausend Meter hohe Flutwelle empfängt, die sich über die Berggipfel wälzt.

«Ich habe das Internet gelöscht!»

Man muss meiner Mutter zugutehalten: Ironie ist ihr fremd. Was sie sagt, meint sie auch so. Wörtlich und verbindlich. Generation Brandt statt Böhmermann.

Ich sage: «Mutter, das ist unmöglich. Das Internet kann man nicht löschen.»

«Doch! Ich seh's doch vor mir! Es ist weg!»

«Das Netz ist noch da», sage ich, «du kommst nur nicht mehr rein.» Während ich den Satz ausspreche, gehe ich in den Empfang, nehme mir einen Zettel und notiere ihn. Langsam ist es Zeit, neben der Liste der am häufigsten geäußerten Sätze von Kunden auch eine Liste der am häufigsten geäußerten Sätze von uns anzulegen. «Das Netz ist noch da» gehört ganz eindeutig dazu.

Mutter sagt: «Der brennende Fuchs zeigt sich nicht mehr.»

Das wiederum wäre ein guter Titel für einen Roman, denke ich mir, oder für ein dramatisches Lied von Reinhard Mey. «Der Wald im Osten steht still und leer / der brennende Fuchs zeigt sich nicht mehr.»

Ich sage: «Du hast bloß aus Versehen das Symbol aus der Leiste unten entfernt.»

«Das kann gar nicht sein! Ich hab nix gemacht!»

Zwei Striche auf unserem Clipboard für Kundensätze, auch wenn Mutter natürlich für meine Dienstleistung nichts bezahlt.

Beate trägt derweil die Kiste mit dem verdreckten Elektroknäuel an mir vorbei, stellt sie in die Mitte des Empfangsraums, hebt den Finger, damit ich gucke, zieht ein Wattestäbchen aus der Tasche und zieht es einmal zwischen der F-Leiste und der Zahlenreihe einer alten Tastatur entlang. Auf der Hälfte der Strecke bleibt das Stäbchen einfach kleben. Vor sich hat es gelbbraunen Knies aufgetürmt, wie altes Ohrenschmalz.

Mutter sagt: «Mein Sohn nimmt mich nicht ernst.»

Ich sage: «Was ist denn mit den anderen Symbolen unten in der Leiste? Sind die noch da? Der Taschenrechner? Das ‹W› für Word? Das weiße, kleine ‹f› in dem roten Quadrat?»

«Alle noch da. Nur das Internet ist weg.»

«Mutter!» Ich werde strenger. «Ist das Gartenhaus weg, wenn Papa seinen Schlüssel dafür verlegt?»

Sie schweigt.

Manchmal bin ich richtig stolz auf mich. Wie die goldene Regel schon sagt: «Hole den Kunden immer dort ab, wo er steht. Sprich in den Bildern und Gleichnissen seiner Lebenswelt.» Im Falle der eigenen Mutter ist diese Regel zu erweitern: Wenn du willst, dass sie einen Denkfehler einsieht, lenke die Gedanken auf ihren Gatten. Jede Frau, die länger als 20 Jahre verheiratet ist, verbindet dämliche Denkfehler automatisch mit dem Ehemann.

«Da darfst du sowieso nicht mehr reingucken!», sagt Mutter.

«Wo rein? Ins Internet?»

«In Papas Junggesellenhöhle. Ich habe mir schon überlegt, ob ich mir mein eigenes Gartenhaus baue. Allerdings hätte ich gerne Internet da drin, damit ich die alten Folgen von *Diese Drombuschs* gucken kann. Aber das Internet kann ich mir nun wohl abschminken, als Mutter eines Experten.»

Ganz ruhig, Philipp. Du bist der Mönch. Alles ist okay. Soll die Welle kommen.

Beate holt ein großes Handtuch aus dem Badezimmer und deckt die ohrenschmalzverklebten Tastaturen in der Schrottkiste ab. Danach streift sie sich demonstrativ einen Mundschutz über.

«Mutter. Du gehst jetzt auf das runde Symbol mit dem Windows-Zeichen links und klickst einmal darauf.»

«Ich war noch nicht fertig mit Papa», sagt meine Mutter. «Der kriegt seine Tür an der Gartenhütte bald tatsächlich nicht mehr auf. Letzten Sonntag hat er auf dem Trödelmarkt schon wieder drei ganze Kisten alte Platten gekauft. Drei! Weil die Leute ihm ein unschlagbares Angebot machten, wenn er alles nimmt. Von zehn Scheiben da drin kann er neun gar nicht für seine Sammlung gebrauchen. Jetzt sortiert er in der Hütte aus. Seit vergangenem Samstag.»

Ich sehe Papas Rückzugsraum mit der alten Anlage, dem Plattenspieler und den selbstgebauten Regalen vor mir. Von einem Zimmermann hat er die Gartenhütte so isolieren lassen, dass den Platten und ihren Hüllen nichts zustößt und trotzdem genug Luftaustausch herrscht. Außer den Regalen selber räumt er in seiner «Junggesellenbude» nichts auf. So wie wir hier in unserer Werkstatt. Fein sortierte USB-Sticks mit Rettungsprogrammen und Regale mit Software und Betriebssystemen aller erdenklichen Art auf DVDs, sortiert nach Zweck und Hersteller. Und dazwischen? Kabelsalat und eine Teeküche der Hölle. Ob alle Männer so sind? Liegen bei George Clooney Socken auf den Dielen?

«Mutter! Ich habe Kundschaft hier. Willst du nun das Internet wiederhaben, oder nicht?»

Im Hörer ertönt das Schneufzen. Mutters ureigene Erfindung. Eine Mischung aus Schnupfen und Seufzen. Leise, aber von maximaler Vorwurfskraft. «Wenn du meinst, dass diese Hektik gesund ist …»

«Mutter! *Du* hast angerufen, um *mich* zu hetzen, nicht umgekehrt!»

Ruhig, Philipp, denke ich, ruhig. Die Welle kommt. Der Mönch schließt die Augen und empfängt den Untergang.

«Ich denke, es ist besser, wenn wir jetzt erst mal auflegen», sagt meine Mutter.

Das Internet ist noch immer gelöscht, aber man muss Prioritäten setzen. Der Volksmund sagt: Männer werden sieben – danach wachsen sie nur noch. Ich sage: Mütter beginnen die verbale Erziehung ihrer Söhne mit zwei – danach hören sie nie mehr damit auf.

Ich sage meiner Mutter, dass ich dieser Tage vorbeikomme, und lege auf. Nebenan stößt Ulli Mantelbach Schmerzenslaute aus, weil er gerade den Entführern seines Rechners Lösegeld überweist. In Form von Bitcoins, die zu verwenden einen die

Kidnapper nach dem Klick auf ihre Links auch noch zwingen. Im Grunde hat diese Symmetrie eine gewisse Schönheit: Man zahlt für die Entfernung eines Kryptotrojaners mit einer Kryptowährung.

▬ BITCOIN ▬

Die «digitale Münze» ist eine echte Geldeinheit, die in einer Rechner-zu-Rechner-Verbindung den Besitzer wechselt statt über eine klassische Bank oder Dienste wie PayPal, bei denen man sich auch erst mal einloggen muss. Das Guthaben von Bitcoin-Besitzern «liegt» nirgendwo, sondern steckt in den eigenen, verschlüsselten digitalen Brieftaschen der Nutzer. Der Marktwert der Bitcoins ergibt sich rein aus den tatsächlichen Schwankungen von Angebot und Nachfrage. Keine Zentralbank der Welt kann diese Wertentwicklung durch Zinspolitik manipulieren. Die Zahlungen gehen an pseudonyme Adressen, die von der Software, welche man zur Benutzung der digitalen Währung auf seinem Rechner installiert, immer wieder neu erzeugt werden. Theoretisch könnte ein Kriminalbeamter oder Geheimdienst die Menschen, die dort miteinander handeln, zwar identifizieren. Praktisch gilt aber auch hier weiterhin das berühmte Bonmot von Kanzlerin Angela Merkel: «Das Internet ist für uns alle Neuland.»

Ich werfe unseren Kaffeeautomaten an und lasse ihn für uns alle erst mal heißen Trost aufbrühen.

Ulli sagt: «Früher hat einen die Mutter davor gewarnt, rauszugehen. In die Stadt. In die falschen Ecken. Heute wirst du sogar beklaut und ausgeraubt, wenn du zu Hause bleibst.»

Ich reiche ihm seine Tasse. «Das hat auch Vorteile. Würden

die Menschen die Möglichkeiten, die wir haben, ernstnehmen, könnte man Milliarden von Litern unnötig verbrauchten Sprits einsparen. Jeder Bürojob könnte längst von zu Hause aus erledigt werden. Jeder. Buchhaltung, Journalismus, Sekretariat, sogar alle Call-Center-Sachen.» Ich nippe an meiner Tasse. «Was machen Sie eigentlich beruflich? Äh, Entschuldigung. Du.»

Ulli lächelt gequält: «Ich fälsche Lob.»

Wulf horcht auf.

Ich lege den Kopf schief. «Bitte?»

«Ich schreibe Rezensionen im Auftrag von Hotels, Restaurants, Werkstätten, Ferienparks, manchmal sogar für Verlage oder Plattenfirmen. Wenn alles immer gut schmeckt, die Kinder im Urlaub glücklich sind und am Ende des Textes bloß eine Kleinigkeit moniert wird, die aber eigentlich den guten Gesamteindruck nicht schmälert, dann war ich das!»

Wulf sagt: «Wow.»

Das zweite Wort heute. Wir haben schon bald 13 Uhr 30. Er ist gut drauf.

Ulli sagt: «Deswegen rechnet es sich sogar, diesen Mistkerlen das Lösegeld zu zahlen. Ich muss an meine Texte kommen. Die Auftraggeber sitzen mir im Nacken. Gestern Nacht habe ich noch sechs Romane und zwei neue Computerspiele vom Tisch weg gelobt. Drei davon trocken.»

«Trocken?»

«Ja, ohne sie gespielt beziehungsweise gelesen zu haben.»

«Das Abendland geht unter», sage ich.

«Besser als Waffen bauen», sagt Ulli.

Das Telefon klingelt. Ich gehe dran und verkünde: «Mutter, ich hab doch gesagt, dass ich mir das dieser Tage selber angucke!»

«Herr Spielbusch?»

Ich halte den Hörer vor mein Gesicht, um die Nummer zu prüfen. Dieselbe Vorwahl wie meine Eltern. Mist.

«Verzeihen Sie, wer ist denn da?»

«Hier spricht Bernward, einer Ihrer besten Kunden.»

Der Bernward. Jetzt erkenne ich ihn. Groß wie eine Pappel, bärtig wie ein Holzfäller und zugleich spitznasig wie ein Hexer aus Kinderfilmen. Ein Unternehmensberater durch und durch, stets im schwarzen Audi unterwegs von Kunde zu Kunde. Meister des Handschlags und des Vertrauens, beliebt bei allen größeren und mittleren Geschäftstreibenden der Region. Ein Mann der alten Schule, der grundsätzlich nur «Win-Win-Situationen» erzeugt. Wenn irgendwelche obskuren Haie von der Wall Street Heuschrecken sind, ist er ein treues, aber unzerstörbares Bison.

«Was kann ich für Sie tun, Herr Bernward?»

«Dieser Tage prüfe ich meine Bücher und was sehe ich da? Im letzten Quartal sind schon wieder Wartungsrechnungen von Ihnen gekommen.»

«Natürlich. Wir warten ja auch Ihr System. Jeden Tag.»

«Pah! Wollen Sie mich auf den Arm nehmen? Seit letztem Herbst habe ich weder Sie noch Ihren Kollegen bei mir im Büro gesehen! Wieso stellen Sie mir da eine Rechnung aus?»

«Herr Bernward, wir greifen über eine verschlüsselte Internetleitung auf Ihren Server zu. Für Wartungsaufgaben müssen wir nicht mehr herauskommen.»

«Erzählen Sie mir doch nicht so einen Quatsch! Mein Automechaniker repariert den Audi auch nicht über das Internet!»

«Wir sind auch keine Kfz-Werkstatt, Herr Bernward», kontere ich trocken. «Mal abgesehen davon, dass es tatsächlich schon die ersten Autos gibt, bei denen der Hersteller per

UMTS-Verbindung zum Cockpit eine Ferndiagnose machen kann. Oder bei Gefahr oder Diebstahl den Motor ausstellen.»

«Arbeiten Sie überhaupt noch, Herr Spielbusch, oder gucken Sie die ganze Zeit Science-Fiction-Filme?»

Eines Tages, denke ich, eines Tages werde ich in Frieden meiner Tätigkeit nachgehen können.

«Herr Bernward, bitte fragen Sie Ihren Sohn, den zweiten Geschäftsführer. Der kann Ihnen unser Vorgehen bestätigen. Es liegen auch Protokolle über unsere Tätigkeiten vor.»

«Das ist mir egal. Ein Protokoll erzählt viel, wenn der Tag lang ist. Ich kann meinen Kunden auch ein Protokoll schreiben, da steht alles drin, was die sich vorstellen können.» Er holt tief Luft. «Aber wissen Sie, was meine Kunden wirklich brauchen? Die brauchen mich! An ihrem Konferenztisch. Den Mann. Die Stimme. Ein Rainer Bernward hat nicht deswegen Erfolg, weil er Protokolle schreibt.»

Jetzt schneufze ich selber. Wie meine Mutter. Ohne es zu wollen, entfährt mir der exakt gleiche Ton. Der Apfel fällt nicht nur nicht weit vom Stamm, er bleibt direkt daran hängen und überwintert schimmelfrei.

Herr Bernward sagt: «Das nächste Mal kommen Sie hierher, wenn Sie mein System warten. Wenn ich Sie sehe, zahle ich auch.»

Ich spüre, wie meine Kraft für heute verbraucht ist, auch wenn es erst Mittag ist. Da ist sie weg. Auf einen Schlag. Wie bei einem Akku, der die ganze Zeit nichts sagt, und dann bei zwei Prozent Restladung schaltet sich ohne Vorwarnung das Smartphone aus.

«Ist gut», sage ich schicksalsergeben.

Bernward legt wortlos auf.

Ich lehne mich zurück, setze mein Headset auf, greife nach

einer Packung Keksen in der Schublade, öffne den Browser und suche mir in meiner digitalen Filmbibliothek *Minority Report* raus.

ENERGIEFLÜSSE

Am linken Rand meines Schreibtisches liegen zwei Blätter. Zwei ganze Blätter, die ich bislang für die Steuer geschafft habe. Strahlend weiß, mit jeweils vier aufgeklebten Quittungen. Fünf Mal Tanken, drei Mal Porto. Es geht voran. Sieht man davon ab, dass am rechten Rand meines Schreibtisches ein Stapel neuer Papiere dazugekommen ist, den ich von der Höhe her auf acht Tafeln Ritter Sport schätzen würde. Aber wie haben wir es gelernt in den Ratgebern? Immer nur das Positive sehen.

Auf dem Glastisch gegenüber meiner Empfangstheke hat Jonas sein Zeug ausgebreitet. Laptop, Notizblock, Stifte, eine Tüte Haribo-Schlümpfe, eine Dose Pringles. Zurzeit sitzt er allerdings nicht daneben, sondern steht mit Beate im Flur neben ihren Putzutensilien. Er will sie vom Undenkbaren überzeugen.

«Wenn ich helfe, wenn ich mitmache, öffnen Sie dann die Tür der Teeküche?»

Beate schüttelt den Kopf, die Arme verschränkt.

«Nein!»

«Philipp und Wulf tun so viel für mich. Sie suchen immer noch nach dem Bundestrojaner auf meinem Laptop, obwohl sie nicht mal glauben, dass er existiert. Und stellen nie eine Rechnung.»

«Philipp und ich haben eine klare Vereinbarung», sagt Beate und löst einen Arm aus der Verschränkung, um auf die Tür zu zeigen. «Diese Küche betrete ich erst, wenn Philipp und Wulf da drin aufgeräumt haben.»

«Aber sie kommen doch nicht dazu. Gucken Sie sich die beiden doch mal an. Diese Augenringe. Die Stressfalten. Die Wassereinlagerungen.»

«Hey!», rufe ich tadelnd.

Beate zieht ihre Oberlippe ein.

Jonas sagt: «Wir wissen doch alle längst nicht mehr, wie es hinter der Tür aussieht. Welche Organismen sich gebildet haben. Mit jedem Tag, der verstreicht, wird das ein Fall für den Kampfmittelräumdienst.»

Beate reibt sich den rechten Nasenflügel. Sie wird schwach.

Wulf nutzt die ersten Worte seiner Tagesration und ruft aus der Werkstatt: «Da ist was dran!»

Natürlich betreten wir beide den Raum. Ab und zu. Winden uns durch das Geflecht. Greifen zielgenau ins Gestrüpp.

Obwohl, wenn ich genau darüber nachdenke, war ich schon länger nicht mehr drin.

Beate rührt mit dem Wischmopp in dem frischen Putzwasser. Es duftet nach Bergwiese. Skeptisch sieht sie Jonas in die braunen Augen. «Du öffnest die Tür. Du gehst vor. Du bist der Kampfmittelräumdienst.»

«Abgemacht!»

Jonas freut sich, als stünde ein Abenteuer bevor.

Das Telefon klingelt.

«Philipp Spielbusch Computer, Spielbusch am Apparat, was kann ich für Sie tun?»

«Ich hab da so 'ne Fehlermeldung!»

Die Stimme klingt mittel. Mitteljung, mittellaut, mittelständisch. Ich kenne den Kunden nicht. Da er seinen Namen anscheinend für sich behalten möchte, hake ich nicht weiter nach, sondern erkundige mich direkt nach dem Fehler. Womöglich ist der Mann Bundesagent und muss anonym bleiben. Leider hat er den Namen der Fehlermeldung ebenfalls vergessen.

«Ja, watt weiß ich? Hab ich schon weggeklickt.»

Ich sage: «Augenblick bitte!»

Jonas und Beate beginnen derweil, sich für die Öffnung der Tür bereit zu machen. Mit einem trockenen Quietschen ziehen sie sich ellbogenlange Gummihandschuhe über. Ich rolle mit dem Schreibtischstuhl zum Flipchart der häufigsten Sätze von Kunden und mache einen Strich bei «Die Fehlermeldung habe ich schon weggeklickt.»

«Hallo, Herr Spielsand, sind Sie noch da?»

«Spielbusch», antworte ich. «Ja, bin noch da.»

«Was ist jetzt mit meinem Computer?»

«Können Sie sich wirklich nicht an die Fehlermeldung erinnern?»

Der Kunde überlegt. Atmet. Ein Knistern. Das leise Geräusch, wenn Lippen sich um einen Zigarettenfilter legen und nach einem Zug wieder davon lösen. Es klingt wie «flupp». Wahrscheinlich heißen die Dinger deswegen «Fluppen». Was bin ich froh, dass ich davon los bin.

«Ohne Anhaltspunkte kann ich nicht ermitteln. Da geht es uns IT-Fachleuten nicht viel anders als Columbo. Oder Derrick.»

«Wer?»

«Horatio Caine und Leroy Jethro Gibbs.»

«Ach so.»

«Können Sie sich wirklich an nichts mehr erinnern? Strengen Sie sich an.»

Der Mann strengt sich an. Dieses Mal zieht er zwei Mal an seiner Zigarette. Dann sagt er: «Jetzt hab ich's. Error stand da! Error und ein paar Nummern. Und ein C.»

«Phantastisch», sage ich, «dann ist es ja eingegrenzt.»
«Ja, eben», sagt er. «Sie sind doch der Fachmann.»

▬ BITTE ABSPEICHERN ▬

Wenn Sie von den Ratschlägen dieses Buches nur einen einzigen beherzigen, dann bitte den folgenden: Sobald ein Fehler auf dem Bildschirm Ihres Rechners angezeigt wird, nehmen Sie die Finger von der Tastatur und holen Sie sich sämtliche Gerätschaften zum Dokumentieren, die Sie im Haus haben. Kamera, Handy mit Kamera, Notizblock, Stift, Diktiergerät. Wenn Sie gern mit Acrylfarben auf Leinwand malen – nur zu. Halten Sie den Fehler fest!

Sie machen es doch sonst auch. Wenn das Kind krank ist, protokollieren Sie jedes Aua mit Zeit, Ort und Symptomatik und packen vor dem Gang zum Arzt noch zehn Seiten Ausdrucke von netdoktor.de obendrauf.

Wenn Ihr Auto nicht mehr will, können Sie dem Mechaniker sagen, dass das komische Rasseln hinten rechts ungefähr gegen 15 Uhr 30 am Kamener Kreuz auf Höhe des Hügels mit der Schutzengelskulptur aufgetreten ist.

Ich kenne Leute, die können mir minuziös erklären, welche Pflanzen im Garten füreinander die optimalen «Beetpartner» sind und dass mein Rhododendron nicht «einfach ohne Grund» eingeht, sondern weil ich ihn in zu kalkreiche, zu wenig saure Erde gesetzt habe.

Aber Ihr Rechner, liebe Leserin und lieber Leser, Ihr Rechner geht auch niemals «einfach ohne Grund» ein. Im Gegensatz zu den Kindern, die den Schmerz nur unzureichend genau lokalisieren können («Bauch!»), gibt eine Fehlermeldung einen sehr genauen Hinweis darauf, was los ist. Dieser Hinweis ist sogar so genau, als würde Ihr Kind statt «Bauch!» mit großen Augen zu Ihnen sagen: «Gastroenteritis, Mama, mit Verdacht auf Campylobacter!»

In einer langen Nacht mit Käserandpizza und Verfilmungen von «Herr der Ringe» haben Wulf und ich uns mal Gedanken darüber gemacht, wieso Menschen sich bei anderen Dingen ganz genaue Notizen und Gedanken machen, bei ihren Computern allerdings nicht. Folgende zwei Thesen haben wir dabei aufgestellt.

Erstens: Obwohl der Rechner schnauft und Geräusche von sich gibt, halten die Menschen alles, was in ihm geschieht, nicht für real. Jedenfalls nicht für so real wie ein Auto. Dass sich auf den Platinen sinnbildlich gesprochen genauso winzige Zahnräder und Keilriemen drehen, die eben aus Einsen und Nullen bestehen, ist schwer vorstellbar. Dass man an ihnen gezielt herumschrauben kann, erst recht.

Daraus ergibt sich zweitens: Niemand glaubt ernsthaft daran, dass irgendein Mensch auf der Welt – uns Fachleute eingeschlossen – die Irren und Wirren des digitalen Gehirns begreift. Der Mensch entschlüsselt das Genom, verpflanzt Herzen und Nieren, nimmt Bodenproben vom Mars. Alles das traut man ihm zu. Die Landschaft und die Logik der acht Trilliarden Dateien, Treiber und Fehlercodes zu durchschauen, allerdings nicht. Daher halten es nur wenige für nötig, aufzuschreiben oder abzufotografieren, ob da nun der Fehlercode 4064 (0xFE0) oder 9122 (0x23A2) auf dem Monitor gestanden hat. Dabei sind solche Unterschiede ungefähr so groß wie die zwischen der Diagnose «Magengeschwür» und der Diagnose «Augenwurm». Der normale Mensch ignoriert das, weil er sich daran gewöhnt hat, dass ein Computer nur bedient und nicht verstanden werden muss.

Bei einem Auto oder dem Körper eines Kindes scheint das anders zu sein. Sie hat man selbst erschaffen oder könnte sie zur Not eigenhändig zusammenschrauben. Oder umgekehrt. Und so, wie Ärzte oder Psychologen ihre lange Liste der diagnostischen Nummern besitzen, findet sich allein für Windows-Systeme auf der Webseite von Microsoft eine systematische Auflistung sämtlicher «System Error Codes». Sie sind konkret. Sie sind erkennbar. Und vor allem: Sie sind endlich. Kein undurchdringbares Schicksal.

Also bitte: Notieren Sie. Wir sind bei Ihnen.

Wie zu erwarten war, kann ich dem Kunden nicht helfen.

«Machen wir einen Termin», sage ich.

«Ist gerade nicht gut mit Herkommen», nuschelt er. «Melde mich wieder.» Und legt auf.

Womöglich war der Mann doch ein Bundesagent.

GOLDENE REGEL IM UMGANG MIT KUNDEN:
Nimm nichts persönlich. Sei niemals von den Menschen enttäuscht. Sie sind keine Freunde, keine Familienmitglieder, niemand, dem du jemals deine Sorgen anvertrauen würdest. Kunden sind Kunden. Sie sind Beruf, nicht Privatleben. Weisen sie dich zurück, ist es ihr Problem. Nehmen sie dich nicht ernst, ist es ihr Problem. Du arbeitest im Büro, du suchst keine neuen Freunde. Sie machen durch ihr Geld deine Familie satt, aber sie sind nicht dazu da, deine Seele zu nähren.

Jonas und Beate stehen derweil vor der Tür der Teeküche. Einsatzbereit. In vollem Ornat. Sie tragen Gummistiefel, Mundschutz und haben sich Einwegschürzen umgebunden. Ich frage gar nicht erst, wo das alles plötzlich herkommt. Wahrscheinlich hat Jonas es für alle Fälle immer im Rucksack dabei, so wie die leuchtenden Knickstäbe und die SOS-Zeichentabelle.

Beate lässt unserem kleinen Überlebenskünstler den Vortritt. Jonas legt seine Hand auf die Klinke. Hinter ihm hebt unsere Putzfrau den Wischmopp, um ihn wie einen Speer vorstoßen zu können, falls Orks aus der so lange verschlossenen Höhle stürmen.

Wulf linst um die Ecke.

Ich halte den tutenden Telefonhörer in beiden Händen.

Jonas drückt die Klinke herunter und schiebt vorsichtig die Tür auf. Sie öffnet sich ungefähr bis zur Hälfte, dann knackt es. Irgendetwas hat sich unter das Holz geschoben. Oder die Tür presst den Rauminhalt zusammen wie ein Leergutautomat die Plastikflaschen.

Beate hebt ihren Wischmopp-Speer. Jonas schlüpft durch die schmale Türöffnung in den Raum. Kartons rascheln. Glas klimpert. Dinge verschiedenen Gewichts stürzen durcheinander. Dann schreit Jonas auf, als hätte er in der dunklen Ecke hinter dem Kühlschrank den Leibhaftigen gesehen. Der Schrei geht über in ein ersticktes, kurzatmiges, wiederholtes Quieken. Beim Versuch, so schnell wie möglich aus dem Raum zu entkommen, stolpert Jonas rückwärts und purzelt wie eine Flipperkugel zwischen halboffener Tür und Rahmen wieder in den Empfangsraum hinein. Japsend dreht er sich um, greift nach der Klinke, zieht die Tür zu und bleibt noch einen Augenblick davor hocken, die Klinke in beiden Händen, schwer atmend, Schweißperlen auf der Stirn.

Beate fragt: «Was ist? Was hast du gesehen?»

Jonas dreht seinen Kopf zu ihr, die Klinke immer noch festhaltend. Wortlos schüttelt er den Kopf. Beate stellt den Wischmopp im Eimer ab, löst den Knoten ihrer Einwegschürze und zieht mit zwei lauten Schnappgeräuschen ihre Gummihandschuhe aus.

Jonas richtet sich auf. Vorsichtig nimmt er die Hände von der Klinke.

Er schaut zu mir. Zu Wulfs Werkstatttür.

Er sagt: «Der Erste Weltkrieg. Der Zweite Weltkrieg. Die Hunnenkriege. Fukushima. Das Ozonloch. Und jetzt dieser Raum. Ich wollte es nie wahrhaben, aber es stimmt, was meine Mutter immer gesagt hat: Ihr Männer richtet die Welt zugrunde.»

Beate nickt so kräftig, dass sie davon Nackenmuskelkater bekommen muss.

Ich sage: «Was nickst du? Jonas ist auch ein Mann!»

Er zeigt auf die Tür: «Aber nicht so einer! Nicht so!»

Ohne sich der Tatortreinigerklamotten zu entledigen, packt Jonas seinen Laptop und sein Schreibzeug zusammen. Dabei hält er einen Vortrag: «Die Frauen, sie machen alles anders. Sie bringen die Kinder zur Welt und sie duschen sich jeden Morgen. Sie haben Zeit für die Maske, wie ein Schauspieler, bevor er auf die Bühne geht.

Die Männer springen einfach nur in den Tag hinein, als sei der Schlaf eine lästige Notwendigkeit, und halten Ausschau nach Feinden. Und wenn sie keine finden können, dann stürzen sie sich in die Arbeit statt in den Kampf. Während sie der Arbeit nachgehen, vernachlässigen sie alles andere, und die ganze Welt bricht um sie herum zusammen, ohne dass es sie kümmert.

Die Frauen halten immer mal wieder inne, schauen sich um und fragen sich: Ist das alles noch im Rahmen, was ich tue? Die hängen zwischendurch einfach Windspiele auf oder bepflanzen die Blumentöpfe neu oder – Gott, man stelle sich das vor – reinigen ihre Tastaturen, statt sich zu wundern, dass sich die Returntaste irgendwann wegen einem halben Pfund Asche mit Käseresten darunter nicht mehr drücken lässt. Männer haben einen Tunnelblick nach vorn, wie die Wölfe. Frauen überschauen 360 Grad, wie die Hammerhaie. Nein. Echt. Ich kann das nicht mehr. Ich muss jetzt erst mal raus hier.»

Grinsend beginnt Beate, den Hausflur zu wischen.

Jonas verabschiedet sich von ihr, indem er sie eindringlich ansieht. Leise, aber laut genug, dass ich es hören kann, sagt er: «Sie müssen nicht zwangsläufig für die beiden arbeiten. Es gibt viele Reinigungsstellen auf der Welt.»

Beate schmunzelt: «Du darfst mich duzen. Wir haben viel zusammen durchgemacht.»

Jonas umarmt sie. Dann hallen seine Schritte auf der Treppe durch den alten Hausflur.

Ich überlege, selber nachzusehen, was sich in der Zwischenzeit in unserer Teeküche getan hat, als das Telefon klingelt. Ich seufze unwillkürlich, als wäre es etwas äußerst Ärgerliches und auch unerwartet, dass in meinem Büro Kunden anrufen.

«Philipp Spielbusch Computer, Spielbusch am Apparat, was kann ich für Sie tun?»

«Herr Spielbusch, hier spricht die Frau Wieland von der Firma Büroservice Wieland. Ich habe ein Problem.»

Kurz sortiere ich den Namen in meiner inneren Datei. Ach ja. Der Büroservice. Eine kleine Firma mit zehn Angestellten, die für Privatleute alle möglichen Sekretariatsdienste übernimmt. Zum Beispiel auch das Sichten und Sortieren der Steuerpapiere. Ich schaue zum linken Rand meines Schreibtisches, zu den einsamen zwei Blättern mit den acht aufgeklebten Quittungen. Der Büroservice besteht nur aus Frauen. Er ist bloß rund 20 Autominuten von hier entfernt.

«Was ist denn los?», frage ich freundlich.

«Sie haben doch vor rund einem halben Jahr das neue Faxgerät bei uns aufgestellt und eingerichtet.»

«Ja.»

«Das funktioniert nicht mehr.»

«Gar nicht mehr?», frage ich.

«Wie, gar nicht mehr?», entgegnet Frau Wieland. «Kann es nur halb nicht mehr funktionieren? Entweder es faxt oder es faxt nicht. Man kann auch nicht halb schwanger sein oder nur halb Steuern zahlen. Obwohl … das schon. Aber um halb Steuern zu zahlen, muss man doppelt verdienen.»

Ich sage: «Haben Sie die Tonerpatronen überprüft?»

«Aber natürlich. Wir sind ein Büroservice.»

«Die Kabel?»

«Ja.»

«Sagen Ihre Computer irgendwas von fehlenden Treibern?»

«Nein.»

Ich überlege. Vor allem, wieso das Faxgerät einfach nicht aussterben will. Alles geht den Gang der Geschichte und verschwindet aus dem täglichen Gebrauch der Mehrheit in die Nische der Liebhaber und Sammler. VHS-Videorekorder mit Showview. Musikkassetten. Taschenkalender mit Ringbuchblättern. Etageren für Chips und Salzstangen. Stadtpläne zum Falten. Modern Talking. Kleinbildkameras mit 36er-Filmen. Alles nur noch Szene statt Alltag. Aber das Fax? Es überlebt hartnäckig.

Laut einer Umfrage des Herstellers Canon aus dem Jahr 2013 nutzen 42 Prozent aller Befragten weiterhin ein Faxgerät im Büro. Wir alle kennen diese eine Ecke, in der immer noch die große elektrische Schreibmaschine steht, abgedeckt mit einer schweren Hülle aus Kunstleder, die seit Jahren niemand mehr abgenommen hat. Aber die Faxgeräte – sie sind tatsächlich weiterhin aktiv im Einsatz! Die Zahl der neu verkauften reinen Faxgeräte nimmt zwar stetig ab. Dafür steigt die Zahl der Multifunktionsgeräte, die kopieren, drucken und faxen können.

In einem Gespräch mit der Zeitung *Die Welt* sagt Susanne Braun, Direktorin für den Bereich Printing Systems bei Hewlett-Packard Deutschland, dass besonders in den Ausschreibungen von Firmen die Faxfunktion in den Alleskönner-Geräten ausdrücklich gewünscht wird. Speziell kleine Unternehmen bestehen darauf, was wir aus unserem Alltag hier in der Provinz bestätigen können.

Der Hauptgrund für die Liebe zum Fax liegt darin, dass die Menschen sich nicht vom Papier trennen können. Wir haben mittlerweile Smartphones, Tablets, elektronische Warenwirtschaftssysteme. Wir haben die Möglichkeit gültiger digitaler Unterschriften, die sogar das persönliche Unterzeichnen von Dokumenten überflüssig machen. Wir haben komfortable Clouds, in denen man gemeinsam an Dokumenten arbeiten kann. Wir haben alle Voraussetzungen für ein nahezu papierloses Büro. Und was ist das Ergebnis? Laut der besagten Umfrage von Canon gaben 71 Prozent der Leute an, dass sie im Vergleich zu vor drei Jahren genauso viel oder sogar mehr ausdrucken. Und der Wald weint.

Energieflüsse

Frau Wieland reißt mich aus meinen Gedanken: «Herr Spiel-busch?»

«Ja?»

«Wäre es zu viel verlangt, wenn Sie mal eben zu uns raus-kommen und sich das anschauen?»

Ich betrachte mein Schreibtischchaos.

Lieber weiter Steuerpapiere oder in Ruhe rumfahren, erst mal 20 Minuten mit offenem Fenster durch das schöne Wet-ter?

«Bin unterwegs, Frau Wieland!»

Auf der Fahrt zur Kundin denke ich über die Worte von Jonas nach, dass wir Männer die Welt zugrunde richten. Wahr-scheinlich hat er sogar recht. Vor meinem inneren Auge laufen all die Schlachten ab, die der Homo sapiens veranstaltet hat. Ich sehe den Sturm auf die Normandie in der Einstiegssequenz von *Der Soldat James Ryan* und höre das Geräusch der Kugeln, die in die Boote und Köpfe einschlagen. Ich sehe das Schilfgras von Vietnam in *Platoon*. Die Ruinen von Bagdad, Kabul und Aleppo in der Tagesschau. Ich sehe das alte Gemälde von der Guillotine bei der Französischen Revolution in meinem alten Schulbuch. Das haben alles Männer angezettelt.

Ich erinnere mich an Schulfeste, Schützenfeste, den Kir-mesplatz. Ein Spießrutenlauf für jeden 17-Jährigen, der als evolutionären Vorteil sein Gehirn zu benutzen versucht statt bloß seinen Bizeps. So wie angehende Computerfachleute. Früher gab es das Wort «Nerd» noch gar nicht. Heute ist es wenigstens etwas positiver besetzt. Trotzdem kriegt ein Teen-ager, der dieser Gattung entspricht, zwischen Autoscooter und Schießbude im Zweifel ein paar auf die Nase. In einem Roman, den ich sehr schätze, bringt eine junge Frau namens Caterina das außerordentlich gut auf den Punkt. Sie sagt: «Wenn dieser Planet nur von Männern bevölkert wäre, wisst ihr, wie der dann aussähe? Es wäre eine Wüste, durch die Männer in Dreiergruppen fahren. In Jeeps, auf denen Maschinengewehre montiert sind!»

Draußen zieht mein geliebtes Münsterland vorbei. Höfe, Weiden, genügsame Rinder, die niemand hetzt. Im Radio sprechen sie von Boko Haram, dieser islamistischen Terrorgruppe. Auch nur Männer. Selbst hierzulande sieht kaum jemand, dass die Frauen es sind, die alles am Laufen halten. Klaglos üben sie die Berufe aus, in denen es darum geht, sich um andere zu kümmern, etwas aufzubauen oder notfalls auch etwas abzubauen, wenn es tatsächlich an der Zeit ist, die Kernkraftwerke zum Beispiel. Und zu Hause, da sorgen sie dafür, dass Räume wie unsere Teeküche im Büro gar nicht erst entstehen. Vor allem, indem sie etwas praktizieren, was die meisten Männer überhaupt nicht begreifen: Sie legen etwas nach Gebrauch wieder dorthin, von wo sie es weggenommen haben. Eine einfache, aber effiziente Maßnahme gegen die Urgewalt der Entropie, also des natürlichen Abdriftens in die Unordnung und das Chaos.

Wir Männer hingegen bilden ständig sogenannte «temporäre Haufen». Ansammlungen von Dingen, die dort liegen, um «beim nächsten Gang» mitgenommen zu werden. Kartons und Kisten voller Zeug, das man «bald» in Ruhe sortieren wird. «Bald» bedeutet eine Zeitspanne zwischen 425 und 895 Tagen. In einer dieser temporären Ablagen fand ich im September 2015 mal sauber aufgeklebte und bestens absetzbare Quittungen für die Steuererklärung von 2006.

Jonas hat recht: Die Männer richten die Welt zugrunde.

Was für die «temporären Haufen» in der echten Welt
gilt, gilt ebenfalls für die «temporären Ordner» in Ihrem
Computer. Ganz besonders für den wörtlich so heißenden
Ordner «Temp» sowie das oft unterschätzte Einfallstor für
das Chaos: der Ordner «Downloads». Während die Menschen
mittlerweile gelernt haben, den Temp-Ordner regelmäßig zu
leeren oder durch Aufräumprogramme wie CCleaner leeren
zu lassen, lassen sie den Ordner «Downloads» häufig ewig
unaufgeräumt.

Dieser Ordner ist sozusagen die Teeküche unter den Ordnern.
Vollgestopft bis an die Decke, selten betreten, hoffnungslos
vermüllt. Dabei ist er tatsächlich nur eine Zwischenstation.
Wenn Sie etwa ein Programm aus dem Netz herunterladen,
landet die Installationsdatei dieses Programms in diesem
Ordner. Die kann allerdings weg, sobald Sie das Setup ausgeführt und das Programm auf Ihrem Rechner eingerichtet
haben. Viele löschen sie nicht, weil sie glauben, dass mit der
Setup-Datei eines Programms beim Löschen das gesamte
Programm vom System verschwinde oder nicht mehr richtig
laufe. So bilden dann Dutzende von Dateien wie flashplayer
17au_ha_install(1), wpsetup-650 oder KiesSetup die Grund-
steine für das Durcheinander in der digitalen Teeküche.
Löschen Sie sie! Werfen Sie sie raus! Und all die Musikdateien,
Videos, Bilder und PDFs gleich mit, wenn Sie feststellen, dass
Sie diese Sachen zwar vor 24 Monaten aus irgendeinem
Grund mal heruntergeladen, aber nie angesehen oder dorthin verschoben haben, wo sie hingehören. Denn sie gehören
überall hin, nur nicht dauerhaft in den wachsenden Haufen
neben dem Treppenaufgang oder in die temporäre Kiste.

Frau Wieland hat ebenfalls eine Firma gegründet, den besagten Büroservice. Das mag in fortschrittlichen Städten wie Hamburg, Berlin oder Köln mittlerweile normal sein, wird im katholischen Münsterland aber von den Platzhirschen und den Weißkopfadlern immer noch so misstrauisch beäugt wie in Nairobi oder Kinshasa. Zudem stellt Frau Wieland ausschließlich Frauen ein.

Ich biege auf den Parkplatz ein. Der zwei Meter breite Streifen zwischen den Parkbuchten und dem Gebäude ist mit einem Wasserlauf gestaltet. Seerosen, Schilfgras und Teichblumen gedeihen im kristallklaren Wasser. Goldfische spielen Fangen im Unterwasserdschungel. Die schwarze Folie der beiden Ufer ist so lückenlos gut mit Rheinkies bedeckt, als korrigierten Frau Wielands Leute die Position der Steine jeden Tag nach.

Im Gebäude selbst entstehen Übersetzungen, Werbetexte und Geschäftsbriefe für den alltäglichen Gebrauch. Das halbe Münsterland delegiert seine Schreibarbeiten in die Tastaturen der zwölf Damen hinter den streifenfrei geputzten Fenstern. Frau Wieland steht in der Tür und winkt. Über den Wasserlauf führt eine kleine Brücke mit Planken aus echtem Bangkirai.

«Herr Spielbusch!»

«Frau Wieland!»

Wir begrüßen uns herzlich. Die Goldfische strecken ihre Köpfe aus dem Wasser. Frau Wieland quittiert es mit einem Lachen und sagt: «Ihr habt erst vor fünf Minuten was gekriegt.» Dann schaut sie zu mir: «Fische haben ein super Langzeitgedächtnis, aber auf der Kurzstrecke sind sie tatsächlich dement.»

Wir betreten das Großraumbüro, das so gar nichts mit einem Großraumbüro gemein hat: Pflanzen, Aquarien, keinerlei

Trennwände oder Boxen, wie man sie aus amerikanischen Filmen kennt. Doch irgendwie wirkt es heute noch luftiger und besser auf mich. Ich weiß nicht, warum. An der Türklinke bimmeln ein paar kleine Glöckchen, als wir eintreten. Sie wurden mit einer roten Kordel um den Griff geknotet.

«Das bringt Wohlstand», sagt Frau Wieland. «Die Glocken wirken wie ein Magnet auf das glücksbringende Chi. Sie ziehen es sozusagen durch die Tür hinein.»

Ich verstehe nicht genau, was sie sagt, doch mir fällt sofort auf, dass es auch an den Fenstern bimmelt. Ein paar Klangspiele baumeln hier und da von der Decke herab.

Frau Wieland sagt: «Die verteilen die Energie im Raum. Lenken sie. Halten sie im Fluss. Wenn Sie einen zu langen geraden Gang haben, brauchen Sie zum Beispiel eines, um den Chi-Strom darin aufzufächern. Anderenfalls rast er bis zum Ende viel zu ungebremst hindurch. Was denken Sie, wieso Menschen in Ämtern immer so schlecht gelaunt sind, wenn sie ihr Büro am Ende eines langen Flurs haben, sodass die Energie ungefiltert auf sie draufknallt? Oder wieso jedes Ladenlokal pleitegeht, auf das direkt und ohne Kurve eine Straße zuführt?»

Jetzt weiß ich, wovon sie spricht. Feng Shui. Die Homöopathie der Innenarchitektur. Andererseits: Ich fühle mich wohl hier. Und ich denke gerade innerlich an alle mir bekannten Ladenlokale, auf die ungebremst Straßen zuführen.

Der Tabakladen im Nachbardorf?

Pleite.

Das alte Comicgeschäft meiner Kindheit?

Längst verschwunden.

Die kleine Kneipe an dieser T-Kreuzung in Hamm?

Dichtgemacht und zugemauert.

Andererseits: Wer braucht heute noch echte Läden und unhippe kleine Kneipen?

Die Frittenbude «Bei Nikos» in der Nachbargemeinde brummt wie verrückt, obwohl eine Straße gnadenlos direkt auf ihre Tür zuführt. Allerdings streiten sich die beiden Betreiber beim Frittieren, Grillen und Pizzabelegen die ganze Zeit lautstark hinter dem Tresen. Was nur zur Beliebtheit der Bude beiträgt.

«Möchten Sie einen Kaffee? Oder einen Chai Latte?»

«Kaffee bitte, schwarz.»

«Kommt sofort.»

Frau Wieland holt den Kaffee selber. In der Teeküche hinter einer Glastür mahlt der Vollautomat die Bohnen. Diese Teeküche kann man betreten. Die Frauen an den Schreibtischen schenken mir ein freundliches Nicken. Ich erinnere mich daran, wo wir damals das große, ordentliche Faxgerät aufgestellt hatten. Es war hier vorne, direkt neben der Eingangstür. Dort ist allerdings nichts mehr davon zu sehen. Frau Wieland kehrt mit dem Kaffee zurück. Er duftet außerordentlich gut.

«Mein Nachbar palavert immer: ‹Mädchen, sag mir nicht, wenn wir die Welt verändern wollen, müssen wir erst mal damit anfangen, Bioprodukte zu kaufen.› Ich antworte dann immer: ‹Ja, womit denn sonst?›»

Ich koste. Wunderbar.

Jonas hat einfach recht. Die Frauen halten uns am Leben.

«Wo ist denn unser Patient?», frage ich.

«Folgen Sie mir.»

Frau Wieland führt mich zwischen den Schreibtischen hindurch zu einem langen Flur, der in der Tat mit energieauffächernden Windspielen behängt ist. Ich schaue noch einmal zurück, bevor wir ihn betreten.

Frau Wieland sagt: «Die Schreibtische stehen so, dass niemand mit dem Rücken zu einer Tür oder einem Fenster sitzt. Das ist nämlich beides energetisch fatal.»

Ich denke an mein Büro.

Hinter mir? Fenster. Vor mir? Die Eingangstür, hinter der im Hausflur die Energie Anlauf nehmen kann. Wenigstens hält meine Theke die Chi-Flut wie ein Deich zurück.

Wir wandern eine Weile bis zum Ende des erstaunlich langen Flurs. Dort steht das Faxgerät auf einem Sideboard, abgeschirmt durch eine kleine Topfpflanze.

«Und das will nicht mehr?», frage ich.

«Sie», antwortet Frau Wieland.

«Bitte?»

«Das Fax ist eine Sie. Roswitha. So haben wir es genannt.»

«Ein Fax namens Roswitha?»

«Ja. Fanden wir ganz passend. Ein bisschen altmodisch, aber zuverlässig. Unser Kaffeeautomat heißt Henri, französisch ausgesprochen, also Oonri. Roswitha haben wir nach hier hinten verfrachtet, weil sie vorne am Eingang völlig den Energiefluss kaputtgemacht hat. Seit hier alles besser fließt, haben wir bereits sieben neue Kunden gewonnen. Sogar ohne funktionierendes Fax!»

Ich nehme das Faxanschlusskabel zwischen die Finger und folge ihm, um zu schauen, wo es hinführt. Es endet: In der Luft. Neckisch baumelt der TAE-Stecker, der eigentlich in einer Telefonbuchse stecken müsste, in meiner Hand.

«Öhm ...»

Ich weiß nicht, was ich sagen soll.

Also frage ich einfach: «Wieso steckt dieser Stecker eigentlich nicht in der Wandanschlussdose?»

Frau Wieland schaut mich irritiert an.

Sie nimmt das dicke Stromkabel des Faxgeräts in die Hand und zieht daran. Es klemmt sicher in der Steckdose neben dem Sideboard. «Ich dachte, das dünne Kabel wäre über. Strom hat Roswitha doch. Reicht das nicht?»

Meine Ohren sausen.

Die Soldaten stranden in der Normandie. Die Guillotine saust auf einen Nacken hinab. Wütende Männer schießen in der Wüste von ihren dreckigen Jeeps aus in die Luft.

Ich frage: «Wie sollen denn die Daten übertragen werden?»

Frau Wieland sieht mich verwundert an: «Ja, über die Luft. Ist doch alles jetzt hier WLAN. Die Drucker müssen doch auch nicht mehr mit dem Kabel an die Rechner angeschlossen sein.»

Ich seufze. Schwer.

Roswitha seufzt mit mir.

Ein Windspiel klimpert melodisch in der Luft.

Aus meiner Tasse steigt der Duft handgepflückter, pestizidfreier Biokaffeebohnen.

Auf der Rückfahrt lasse ich das Gespräch Revue passieren. Frau Wieland hörte mir zu, begriff ihren Denkfehler und konnte über sich selber lachen. Mit anderen Worten: Sie leistete auf einen Schlag drei Entwicklungsschritte, zu denen ein Mann niemals nahtlos hintereinander fähig wäre. Ein Mann schafft einen davon, aber höchstens. Und das auch nur nach Tagen und zerknirscht. So wie Apotheker Kalbstein, der dachte, sein Faxgerät drucke nicht vernünftig, weil bei uns im Büro die Tinte alle sei. Vielleicht sollte er in seiner kargen Depri-Apotheke auch mal Feng Shui ausprobieren. Das, was er jetzt zwischen den grauen Schubfächern und der breiten Fensterbank betreibt, ist das Gegenteil davon. Dark Shui.

Beim «Wireless LAN», also der «kabellosen Netzwerkverbindung», handelt es sich um die Übertragung von Daten von Punkt A nach Punkt B, ohne dass zwischen diesen Punkten noch physische Kabel nötig sind. Deswegen kann man beispielsweise Druckern, die in ein Netzwerk eingebunden sind, ihre Daten über die Luft zukommen lassen. Wenn diese Daten allerdings mittels einer Rufnummer übertragen werden sollen, führt kein Weg darum herum, ein Kabel in die örtliche Anschlussdose zu stecken. Das muss nicht zwangsläufig bedeuten, dass das faxende Gerät selber in der Wanddose stecken muss. Es ist durchaus möglich, moderne Multifunktionsgeräte, die drucken und faxen, mittels WiFi kabellos mit dem Router zu verbinden oder ein Fax ähnlich wie diverse DECT-Telefone mit der Fritz!Box zu verknüpfen. Die Fritz!Box selber allerdings muss dann natürlich in der Dose stecken. Die meisten älteren Faxgeräte in Büros unterstützen diese Einbindung allerdings nicht.

Ich betrete unser Gebäude und denke mir: Hier fehlen viele Windspiele. Der Flur im Erdgeschoss mit Rainer Hansens Druckerei hat immer Schatten. Und diesen seltsamen Geruch von tonnenweise Toner. Ein Flur im Halbdunkel wie in einem französischen Krimi. Der Aufgang zu uns ist schmucklos. Das Fenster auf dem Treppenabsatz zwischen den beiden Etagen sitzt auf Höhe des Knöchels und ist so schmal wie anderswo die Lichtschächte im Keller. Der einzige Schmuck an den Wänden sind Wechselrahmen für Werbung, in denen unsere Hardware-Partner ab und an neue Poster platzieren. Oben dominiert unser Lastenregal mit den alten Rechnern und dem

Elektroschrott, den Josip und Milan regelmäßig zum Ausschlachten holen, die linke Wand. Ein energetisches Desaster.

«Wulf!», sage ich daher, als ich die Tür öffne. «Wir sollten uns ernsthaft mit Feng Shui beschäfti–»

Ich unterbreche meinen Satz, denn ich glaube zu sehen, wie Wulf gerade eben die Tür der Teeküche zugezogen hat.

Ich zeige auf das weiße Holz: «Hast du etwa …?»

«Nein!»

Wulf lügt. Schnell stopft er sich aus dem Glas auf der Theke drei Haribo-Schnitten in den Mund.

«Du betrittst den unbetretbaren Raum?»

«Nein! Mache ich nicht.»

«Aha!», sage ich und schließe die Bürotür hinter mir, sodass für meinen Kollegen kein Entkommen ist. «Das bedeutet, wenn du den Raum nicht betrittst, dass du Sachen einfach nur hineinwirfst.»

Wulf öffnet erneut das Glas und schiebt eine ganze, große Lakritzschnecke hinterher. Mit dem Blick eines Fünfjährigen, der von Natur aus Nachsicht verdient hat, kaut er mir was vor und macht große Augen.

«Das darf doch nicht wahr sein!», klage ich. «Deswegen sieht es darin so aus. Die Teeküche ist dein geheimer, vollgestopfter Temp-Ordner!»

Wulf brummt und stellt sich schmollend ans Fenster. «Wir brauchen einen Praktikanten», sagt er. Draußen zieht sich der Himmel zu.

«Praktikanten machen nur Arbeit», sage ich, «das weißt du doch.»

Das stimmt übrigens wirklich. Wir haben es drei Mal mit einem versucht und feststellen müssen: Die jungen Menschen von heute arbeiten wie der Cursor bei Word. Sie stehen blinzelnd herum und warten auf Anweisungen. Immer.

Wulf murmelt: «Niemand hat sein Leben im Griff.»

Ich gehe zur Teeküchentür und lege die Hand auf die Klinke. Wulf schüttelt den Kopf wie ein Vater, der sagt: «Junge, das musst du noch nicht sehen.»

Ich setze mich an den Rechner – Fenster im Rücken, Tür vor der Nase –, öffne den Browser und suche nach «Feng Shui im Büro».

AB MORGEN WIRD ZURÜCKGEFUNKT

Der Regen prasselt an die Fenster unserer Werkstatt wie auf das Dach eines Wohnwagens. Vor ein paar Minuten hat er sich in das schwüle Sonnenwetter gemischt. Die Tropfen durchschneiden die warme Luft wie Kohlensäurebläschen das Wasser in einem Sektglas. Ein klassisches Sommergewitter, in gleichem Maße behaglich wie bedrohlich. Es passt zu Wulf, der vor dem Rechner unserer reichsten Kundin steht und wie ein Schamane raunt. Natürlich meint er diese Beschwörung der Technologie ironisch, aber ein Hauch ernster Verzweiflung mischt sich schon in das gespielte Ritual.

Als wir neulich bei geschlossenen Rollos die Diagnosekarte direkt auf dem Motherboard angebracht und die blinkenden LED-Lämpchen beobachtet haben, fand sich selbst bei diesem direkten Blick ins Gehirn kein Fehler. Wenn das Gehirn des Rechners uns keine Auskunft gibt, sagte Wulf vorhin, kurz vor Beginn des Gewitters, dann müsse es eben seine Seele tun, sein Geist. Wie gesagt, er meint das ironisch. Theoretisch. Praktisch legt er gerade die Hände auf das Gehäuse und verdreht die Augen, bis fast nur noch das Weiß zu sehen ist.

Ich kann das nicht länger mit ansehen und räume daher lieber den Tisch unter der Dachschräge auf. Der Laptop eines Kunden ist eingeschaltet und arbeitet wiederum selbständig daran, seine Festplatte aufzuräumen. Gerade läuft das Reinigungsprogramm CCleaner, aber nicht einfach nur so, sondern mit seiner Unterfunktion *Festplatten-Wiper*. Sie reinigt die Bereiche der Platte, die mit den Daten belegt sind, die vom Nutzer zwar bereits gelöscht wurden, aber in Wirklichkeit natürlich noch dort liegen. Wie Berge alter Trödelwaren unter großen, braunen, raschelnden Planen. Der Wiper reißt die Plane wieder runter, fährt den Container vor und räumt die ganze Scheune auf. Er schreddert die Inhalte im freien Speicher in beliebig einstellbarer Intensität, vergleichbar mit einem echten Schredder, der das Papier entweder nur in Streifen schneidet oder wirklich in allerkleinste, staubige Krümel zermahlt. Das ist immer die letzte Maßnahme nach der Bearbeitung des Systems, die der Kunde gewünscht hat. Er bat uns um das, weswegen die Kunden neben «Geht nicht mehr!» und «Brauche was Neues!» am dritthäufigsten zu uns kommen: «Er ist zu langsam.»

SYSTEMTUNING

Ich weiß, es ist ein furchtbares Klischee, und Sie haben es sicher schon häufig von Vertretern meines Berufsstandes gehört, die bei Ihnen zu Hause saßen und Ihren Rechner überprüften. Es ist der nervigste und doofste Satz, den wir Computerfritzen überhaupt sagen können. Leider macht ihn das nicht weniger wahr. Der Satz lautet: «Sie haben zu viel da drauf!»

Das Problem mit zu langsamen Rechnern, besonders bei Windows-Systemen, liegt in 90 Prozent der Fälle tatsächlich darin, dass die Kunden ihr System mit Programmen und Daten überlasten. Sie kaufen den Rechner als leichten Kraftwagen ohne Gepäck und fahren ihn wenig später dermaßen vollgestopft durch die Gegend, dass die Koffer und Kartons aus der Ladeklappe quellen und wie in einem Comic oben noch das halbe Wohnungsmobiliar auf den Dachgepäckträger geschnürt wurde. Als wäre das nicht sowieso schon schwer genug, haben sie trotz dieser Zuladung den Druck der Reifen nicht mal um 0,3 Bar erhöht. Der Wagen ächzt, schlingert und berührt mit dem Unterboden fast die Straße.

Bei Windows-Systemen gilt als Faustregel, eine freie Speicherkapazität von 5 bis 10 Gigabyte niemals zu unterschreiten, da die Betriebssysteme ab Version 7 aufwärts Auslagerungsdateien erzeugen, die für sich allein genommen bereits 5 bis 8 Gigabyte groß sein können – und im Windows Explorer sogar ausgeblendet werden! Die alte Faustregel, Nutzdaten nicht auf C:\ zu speichern, war früher richtig, gilt aber heute nicht mehr unbedingt, da sich die Lese- und Schreibtechniken der Festplatten durch die modernen Betriebssysteme ab Windows 8 verändert haben. Während bei der traditionellen, mechanischen Festplatte immer noch Magnetscheiben und Lese-/Schreibköpfe zum Einsatz kommen, ist eine moderne SSD-Festplatte ein reiner Flash-Speicher ohne einen Anfang und ein Ende. Dennoch bleibt es, wie es ist: Der User ist ein Jäger und Sammler, und noch schlimmer als er ist nur das Betriebssystem selbst. Die unsichtbaren Temp-Ordner, die vom Betriebssystem gefüllt werden, können um zig Gigabyte anwachsen, ohne dass der Anwender eine Schuld daran trägt. Es sei denn, ihm würde zur Last gelegt, dass er seinen PC einfach nur nutzt.

Eine sinnvolle Tuning-Maßnahme per Hand besteht darin, den Bereich «Autostart» des Computers zu modifizieren. Dort ist festgelegt, welche Programme von selber anspringen, wenn Sie den Rechner starten – und das sind meistens viel zu viele. Ungefragt laufen sogenannte «Services» oder «Updater» mit oder sind die Dropbox oder die Software zur Aktualisierung Ihres Navis aus dem Auto ständig im Hintergrund in Betrieb.

In der Frage, welche der auf Ihrem Rechner von selbst startenden Programme unverzichtbar und welche einfach nur ausbremsende «Mitläufer» sind, sollten Sie einen Fachmann zu Rate ziehen. Weniger zu empfehlen ist in Sachen Tuning das Kaufen (oder gar Herunterladen) sowie unüberlegte Ausführen pauschaler Tuning-Software. Die Faustregel lautet: Immer, wenn Sie nicht genau wissen, was eine solche CD eigentlich beim Aufmotzen, Reinigen und Beschleunigen Ihres Rechners tut, lassen Sie es lieber bleiben und geben Sie das Gerät bei den nervigen Männern in die Grundaufbereitung, die immer sagen: «Der ist zu voll!»

Das Gewitter nimmt an Fahrt auf. Der erste Donner grollt über dem Münsterland, so laut und tieftönend, als brülle ein Drache jenseits der Wolken. Wulf raunt wie ein Schamane. Im Regal mit den alten Fachbüchern aus der Zeit, in der wir nicht jedes Problem digital nachschlagen konnten, steht ein kleines Taschenbuch zwischen den dicken Schwarten zu Windows 98 oder Visual C. Ein esoterisches Werk namens «Der Geist im Computer» von Frank Sunn. Jonas hat es uns geschenkt.

Ich habe nur mal ganz kurz reingeschaut und eine Stelle nie vergessen, wo dieser Herr Sunn schreibt: «Stelle ich also eine künstliche Struktur her, die auf kleinstem Raum hochkomplexe und geordnete Strukturen darstellt, wie das in einem Chip der Fall ist, ähnlich einem Nervensystem, dann muss ich damit rechnen, dass in diesem Chip ein entsprechend hohes Bewusstsein vorhanden ist.» Angeblich arbeitet Frank Sunn «in leitender Position in der Computerbranche», forscht aber auch «auf den Gebieten der Astrologie, der Kabbalistik und des Okkultismus.» So sieht's aus.

Wulf stößt Laute aus, als wäre er mit Frank Sunn bei einem okkulten Seminar mit Räucherstäbchen. Dabei grinst er leicht verschmitzt, als würde er sich selbst in seiner Trance amüsiert beobachten.

Die spirituelle Atmosphäre wird gestört vom Klingeln des Telefons.

Ich gehe ran.

«Philipp Spielbusch Computer, Philipp …»

«KOMMEN SIE, SCHNELL!»

Die Anruferin klingt ernsthaft panisch. Es ist die Stimme von Frau Weiß, deren Rechner gerade von Wulf beschworen wird. Im Hintergrund tost und knackt es, als würden sich Stahlträger verbiegen.

«Ich weiß nicht, wen ich sonst anrufen soll!», ruft Frau Weiß in den verrauschten Hörer. «Mein Mann sitzt im Intercity auf dem Weg nach Wiesbaden.»

Ein Intercity, denke ich, der einzige Ort, der das Netz so gut abschirmt wie Gene Hackmans Käfig aus *Staatsfeind Nr. 1*.

«Was ist denn los?», rufe ich, angesteckt von ihrer Panik.

«Unsere Markise auf der Terrasse. Sie ist einfach ausgefahren. Mitten in diesem Sturm!»

«Wie, einfach so? Sie haben nicht gedrückt?»

«Herr Spielbusch! Sie kennen mich! Ich stehe doch nicht bei einem Gewitter auf und denke mir: Ach, komm, gehst du mal runter ins Wohnzimmer, nimmst die Fernbedienung in die Hand und fährst die Markise voll aus. Kann lustig werden.»

Es knarrt erneut. Frau Weiß schreit. Sie ist sonst immer ruhig, gelassen, überlegt. Eine Künstlerin, im Leben wie im Beruf. Ihre Bibliothek umfasst 7500 Titel. In ihrem Treppenhaus hängen neben sehr schönen Bildern aus eigenem Pinsel unter anderem ein altes Fenster mit Rahmen sowie das Innenleben eines Induktionskochfeldes. Ohne das dunkle Glas darüber sieht es tatsächlich aus wie ein obskures Kunstobjekt.

«Das Schlimme ist», ruft Frau Weiß kurzatmig ins Telefon, «dass ein Gelenk gebrochen ist!»

Ich rufe mir die Markise vor Augen. Voll ausgefahren stützen zwei lange, blaue Gelenkarme den schweren Stoff über satte sechs Meter Breite.

«Ich kann das Ding nicht mehr lange halten!», schreit Frau Weiß wie aus einem Schneegestöber. «Wenn ich die Markise loslasse, knallt mir der abgerissene Gelenkarm in die Scheibe der Terrassentüren.»

Erst jetzt begreife ich den Ernst der Situation.

«O Gott!», stoße ich aus.

«Ja, eben!»

«Wulf!», belle ich. «Wir müssen Frau Weiß retten!»

Mein Kollege unterbricht das ironische Schamanenraunen und erwidert trocken: «Was denkst du, was ich hier tue?»

«Nein, nicht bei ihrem Rechner. Ihre Markise ist halb abgerissen!»

«Oh.»

«Wir kommen!», rufe ich. «Halten Sie durch!»

Wulf wirft sich schon die Jacke über, als sei er froh, endlich handfest helfen zu können.

Als wir in dem hügeligen Wohnviertel eintreffen und – den Hilferufen von Frau Weiß folgend – in den Garten stürmen, bietet sich uns ein Bild, das man sich nicht ausdenken kann. Die Frau steht am Rande ihrer Terrasse, das rote wallende Haar im Sturm, die Füße an die runden Palisaden im Rasen gestemmt, und kämpft mit der Markise wie mit einem störrischen Riesenvogel.

Mit angespannten Muskeln hält sie das gesamte Teil am vorderen Rand fest und der Wind schlägt unter die Bespannung, während eines der beiden langen Gelenke tatsächlich gebrochen und abgerissen vom Sturm bedrohlich knapp vor der Fensterfront auf und ab schwankt wie ein stumpfer Speer, der jeden Moment das Haus aufspießen kann.

Wulf stürzt zu der Frau und stemmt sich zwischen Terrasse und Markise wie ein Wagenheber. Frau Weiß lässt erschöpft los und taumelt zur Seite. Ich helfe Wulf. Nun halten wir die Markise jeder an einem Ende, im wahrsten Sinne des Wortes wie zwei Vollpfosten.

«So», sagt Frau Weiß, die nur wenige Atemzüge braucht, um sich zu erholen, «ich drücke jetzt hier gegen das Gelenk und wir versuchen, das Ding irgendwie einzuziehen, ja?»

Wir nicken.

Sie drückt.

Das gebrochene Gelenk zieht sich zusammen. Ganz bis zum Anschlag bekommen wir die Markise nicht wieder eingefahren, aber es reicht, damit der Sturm keine breite Angriffsfläche mehr hat. Innerhalb von Sekunden kleben unsere Haare und Hemden pitschnass auf Kopf und Körper.

«Ziehen Sie den Stecker», rufe ich gegen den Wind an. «Kappen Sie erst mal die Stromversorgung der Markise.»

Frau Weiß folgt meiner Anweisung und rupft das Kabel aus einem Stromkasten, der sich an der Hauswand zwischen den Ranken einer Weintraube verbirgt. Dann öffnet sie die Tür, sagt «Einen Moment!», kommt mit zwei Handtüchern zurück und bittet uns rein.

Zwei Minuten später sitzen wir in ihrer Küche. Frau Weiß macht Kaffee. Auf der Fensterbank ist eine Getreidemühle angeschraubt. Wulf tupft auf seinem Hemd herum. Er ist irgendwie nasser geworden als wir, als würde er in der gleichen Zeit vier Mal so viel Wasser aufsaugen. Wulf, der Schwamm.

«Was ist jetzt eigentlich mit meinem Computer?», fragt Frau Weiß.

Wulf räuspert sich.

Ich sage: «Offen gestanden: Manche Diagnose von *Dr. House* war leichter zu treffen.»

Frau Weiß nickt, als hätte sie nichts anderes erwartet. Nicht resigniert, nur reichlich desillusioniert. Doch schnell fängt sie sich wieder.

«Neulich habe ich ein Bild absoluten Friedens gesehen», sagt sie, während sie Tassen, Untertassen, Löffel, Milch und Zucker auf den antiken Tisch stellt. «Im Baumarkt. Ein Bauer mit klobigen Schuhen, kleinem Bierbauch über der Jeans und kariertem Hemd. Stand in aller Ruhe vor dem Regal – und kaufte sich was? Ein zweites kariertes Hemd. Ich musste fast weinen vor Rührung.»

Der Kaffee ist fertig.

Frau Weiß gießt ein.

Wulf packt sich Zucker in seine Tasse, mit dem Löffel, ganz vornehm. Das macht er nur außer Haus. Aber ich nehme es ihm nicht übel. Um bei uns einen Löffel zu bekommen, müsste man ja die Teeküche betreten.

Frau Weiß sagt: «Man lernt irgendwann, dankbar zu sein. Von Markisengelenken zerstoßene Fensterfronten allerdings – das braucht kein Mensch.»

Wulf schlürft.

Ich lächele. Ein schwarzer Kater betritt den Raum und schaut uns kurz misstrauisch an. Dann beschließt er, uns zu tolerieren, springt auf den Tisch und läuft so lange vor Wulfs Nase herum, bis der anfängt, ihn zu kraulen. Der Kater schnurrt.

Frau Weiß fragt: «Wie ist so was möglich? Wieso fährt ohne Zutun meine Markise aus?»

Ich schaue Wulf an, um wortlos zu testen, ob meine Vermutung richtig sein könnte. Er ist hinter dem Kater verschwunden. Nur langsam erhebt sich sein Gesicht aus dem schwarzen Fell. Er nickt.

«Funkwellen», sage ich.

Frau Weiß schaut mich an, als wäre diese Vermutung vorhin im Sturm trotz Panik und Muskelanspannung auch bereits kurz in ihren Gedanken aufgetaucht.

«Garagentore, Markisen, manche automatischen Rollos – das funktioniert alles mit Funkwellen», erkläre ich. «Funkt jemand auf der Frequenz Ihrer Markise herum, könnte er sie auslösen.»

Frau Weiß lehnt sich ein Stück zurück. Ihre Augen weiten sich. Zornig schaut sie aus dem Fenster. «Sie meinen, es hätte mir fast das halbe Haus abgerissen, weil da irgend so ein Amateurfunker bei Gewitter seinem Hobby nachgeht?»

«Möglich. Haben Sie Amateurfunker in der Nachbarschaft?»

«Woran erkennt man die?»

Wulf hört kurz auf, den Kater zu kraulen. Augenblicklich pinselt das Tier mit seinem Schwanz unter Wulfs Nase herum, als wolle es ihm die Haare aus den Löchern zupfen. Wulf krault weiter.

Ich sage: «Wenn's gleich noch mal aufhören sollte, schauen wir uns um.»

Da Frau Weiß Zeit hat und der Kater sowieso nicht zulässt, dass Wulf seine Hände aus seinem Fell zieht, warten wir ab, bis das Gewitter nachlässt. Im leichten Restregen treten wir nach

Als elektromagnetische Wellen bezeichnet man laut «Vollzugsordnung für den Funkdienst» der Internationalen Fernmeldeunion (ITU) Wellen mit Frequenzen unterhalb von 3000 Gigahertz. Das sind alle Wellen, die sich «ohne künstliche Führung im freien Raum ausbreiten» können. Was eben auch bedeutet: Trifft eine solche Welle eine Frequenz, die mehrere Empfänger sich teilen, kann es zu Turbulenzen kommen. Häufiger, als man denkt, ist es daher möglich, dass sich im unsichtbaren Wirrwarr der Anwendungen (Amateurfunk, Freifunk, Funkfernsteuerung, Richtfunk oder Rundfunk) etwas miteinander verknotet.

draußen und spannen drei Schirme auf. Rinnsale plätschern durch das Dachrinnenrohr und erzeugen einen blechernen Gesang.

«Gehen wir den Hügel rauf», sagt Frau Weiß.

Wir umrunden den schön gestalteten Garten und erreichen einen schmalen Fußweg, der am Rande eines Rapsfeldes bergauf führt. Gegenüber von Frau Weiß' dezentem Anwesen hat ein neuer Nachbar kürzlich eine Festung in den Berg gegraben. Ein Gebäude, drei Mal so groß wie alle anderen Einfamilienhäuser im Viertel.

Der Bauherr hat das Haus nicht etwa auf den Hügel gesetzt, wo ihm eine grandiose Aussicht über endlose Felder garantiert gewesen wäre, sondern in den ausgebaggerten Hügel. Meterhohe Wälle erheben sich somit vor den Fenstern und der Terrasse seiner Familie. Sie bestehen aus bis zu drei Meter hohem grauem Sichtbeton, der nötig ist, um den Wall zu stützen.

Hinter einem Fenster im Erdgeschoss, auf das keinerlei

Licht fällt, steht die Frau bleich neben der Spüle der Küche und rührt apathisch in einer Schüssel. Im Garten malt der vielleicht 15-jährige Sohn mit einem Edding einen Penis und einen Totenkopf auf den Sichtbeton.

«Zwei Jahre», sagt Frau Weiß.

«Wie bitte?»

«Zwei Jahre haben sie an diesem Anwesen gebaut. Alles privat.»

«Also schwarz?»

Frau Weiß nickt. «Pechschwarz. Das heißt, die Baustellenzeiten lagen vor 9 Uhr morgens und nach 20 Uhr abends. Und am Wochenende natürlich.»

Sie erzählt, dass sie einen uralten Kran eingesetzt haben, der bei jeder Bewegung dieses Geräusch machte, das man aus der Schule kannte, wenn ein teuflisches Kind eine Gabel über die Tafel zog. Als sie den Hügel abgetragen haben, fuhr ein Kipplaster insgesamt 85 Mal zwischen dem Viertel und der Deponie hin und her.

Wenn es regnete, setzten sich auf dem halb abgetragenen Gelände die Schlammlawinen in Bewegung. Sie begruben ganze Vorgärten unter sich und den kleinen Hund der Nachbarn gegenüber. Die Arbeiter pinkelten wochenlang überall in die Büsche. Als der Bauherr irgendwann ein Dixiklo aufstellen ließ, ging er sicher, dass der Lkw, der es bei laufendem Motor abpumpte, in jedem Fall nie später als gegen 5 Uhr 30 morgens sein dröhnendes Werk verrichtete.

«Es gab nie ein Wort des Bedauerns deswegen», sagt sie kopfschüttelnd. «Nicht von ihr, nicht von ihm. Er hat eine kaputte Hüfte. Er humpelt viel und zischt dabei schmerzvoll. Er glaubt, das rechtfertigt alles. Er glaubt, einem Mann mit kaputter Hüfte muss man alles vergeben. Tut aber keiner. Niemand redet mehr mit diesen Menschen. Alle tun so, als wären sie nicht da. Was nicht leicht ist, bei der Größe des Hauses.»

Da hat Frau Weiß recht. Wir sind nun schon eine Weile den Weg am Rapsfeld hinauf gegangen, und rechts neben uns befindet sich immer noch das Gelände des hüftkranken Despoten.

Wulf sucht die Hauswand und den Dachfirst mit den Augen auf verdächtige Technik ab. Frau Weiß fächert mit den Fingern ihrer linken Hand durch den hüfthohen Klatschmohn. «Kann er es gewesen sein, der meine Markise in Gang gesetzt hat?», fragt sie.

Wulf schüttelt den Kopf.

Ich sage: «Mein Fachmann sagt nein.»

Das Rapsfeld endet und eine Wildwiese beginnt. Ein riesiges Stück verwachsenes Durcheinander aus Schafgarbe, Disteln, hohem Gras, undefinierbaren Büschen und ein paar echten Bäumen oder baumähnlichen Gewächsen, die sich aus dem Gestrüpp erheben. Völlig verschiedene Gattungen. Ein Rotdorn. Eine Weide. Sogar ein Bambus.

«Das war mein Mann», sagt Frau Weiß. «Er ist Guerilla-Gärtner, wissen Sie? Er setzt Pflanzen irgendwo ungefragt in die Landschaft. Das ist sein Hobby. Sie kennen die Grünflächen an der Autobahnausfahrt, oben am Rasthof?»

Ich nicke und versuche, mir den Streifen vor Augen zu führen. In der Tat. Er ist quietschbunt mit Wildblumen bepflanzt.

«Das war er auch. Mitten in der Nacht.»

«Respekt», sage ich.

Frau Weiß zeigt auf eine Weggabelung. Am Ende der Wildwiese, knapp vor einem Bolzplatzkäfig, der an sie anschließt, sollen wir rechts wieder in das Wohnviertel einbiegen. Ich denke über das Guerilla-Gärtnern nach. Wulf gärtnert gerne initiativ auf den Rechnern unserer Kunden und installiert die gebräuchlichsten Gratis-Tools, von denen wir wissen, dass sie garantiert werbefrei sind und ihren Dienst tun. Umgekehrt jätet er Unkraut und entfernt Bloatware, also Programme, die von den Herstellern der Computer vorinstalliert wurden und mit Sicherheit Werbung von zahlungskräftigen Partnern wie Amazon enthalten.

Wir biegen ein. Rechts von uns erhebt sich ein edel anmutendes Haus mit Außenholzvertäfelung bis unters Dach. Es erinnert an alpine Ferienwohnungen.

«Das sind die Auerbachs, die können's nicht gewesen sein mit dem Funk», sagt Frau Weiß. «Sie besitzen nicht mal einen Fernseher. Nur Kamin, Bücher und einen Flügel. Die Tochter ist Landesmeisterin im Klavierspielen. Und die …» – Frau Weiß zeigt auf das Haus gegenüber, unter dessen Carport mehrere Mofas und Motocross-Maschinen stehen – «… waren es bestimmt auch nicht, denn deren Jungs terrorisieren das Viertel schon genug mit der wilden Fahrerei. Früher sind sie mit ihren Bikes dort drüben über das Grundstück vor dem Bolzplatz gerast, bis mein Mann es mit Bäumchen und Büschen und diesen bunten Wildblumen bepflanzt hat. In so einer hübschen Wildwiese wollten sie nicht mehr herumfahren.»

Ich ziehe die Augenbrauen hoch. Bei uns im Viertel, nur drei Ortschaften weiter, herrschen andere Sitten. Dafür brechen sie in unserer Nachbarschaft alle naselang ein.

Wulf ist ein Stück vorgelaufen und steht nun starr vor einem Haus mit schwarzen Dachziegeln und seltsamer graublauer Klinkerfassade. Wortlos und nicht ohne eine gewisse Dramatik hebt er die Hand und zeigt auf einen Ring aus Stahl

Wann immer Ihnen ein Dienstleister aus unserer Branche den Rechner neu einrichtet: Machen Sie ihm *vorher* eine Liste der elementaren Programme, die Sie sich wünschen, und betonen Sie *sehr* deutlich, dass Sie *keinerlei* Software ungefragt installiert haben möchten. Nein, auch nicht, wenn sie gratis ist. Und sinnvoll. Und nützlich. Und natürlich besser als die offiziellen Programme des Betriebssystems. All so was wird der Dienstleister schließlich sagen.

Dabei ist es rational betrachtet sogar unsinnig, denn wir verdienen ja keinen einzigen Cent mehr daran, Ihnen lauter kostenfreie Browser, Videoplayer oder Datenverdichtungsprogramme aufzuspielen. Unser Drang, Ihren Rechner damit auszustatten, folgt nicht den gleichen Gründen wie der Drang eines Autoverkäufers, Ihnen die Sonderausstattung schmackhaft zu machen. Nein, bei uns kommt da der Pädagoge durch, der weise Vater, der besser zu wissen glaubt, was gut für die Kleinen ist. Oder auch einfach nur die unbändige Lust darauf, digitale Blumen zu pflanzen. IT-Dienstleister sind die Guerilla-Gärtner der Betriebssysteme. Wir können nicht aus unserer Haut. Wenn Sie daher auf Ihrem Computer lieber einen englischen Garten statt einer frischen Wildwiese wollen – stoppen Sie uns!

an der Hauswand. Auf den allerersten Blick wirkt das Ding wie ein winziger Basketballkorb, aber ich begreife natürlich sofort, um was es sich handelt. Eine Hochleistungsantenne für wilden Funk. Frau Weiß und ich erreichen Wulf nach wenigen Schritten. Sie hebt den Kopf, hält den Atem an und zeigt auf das Teil.

«Das ist es?», flüstert sie.

Ich nicke.

Wulf sagt: «Hundertpro.»

Ich überlege, ob das ein oder zwei Worte waren. Frau Weiß senkt grimmig ihre fein geschwungenen Augenbrauen. Das ist übrigens so etwas, worum ich Frauen beneide. Selbst, wenn wir unsere Brauen pflegen dürften, ohne gleich als metrosexuelle Dandys zu gelten, hätten wir keine Chance. Irgendein Haar entkommt immer und dreht sich spiralförmig Richtung Rechner.

Wulf räuspert sich und schaut mich an.

«Du willst?», frage ich.

«Und ob», sagt er.

Ich freue mich. Seine 20-Worte-Regel ist angesichts des Feindkontakts somit aufgehoben und ich muss mich mit dem, was nun sicher kommt, nicht herumschlagen. Ruhig wie ein alter Judomeister steigt Wulf die vier Stufen zur Haustür hinauf und klingelt.

> GOLDENE REGEL IM UMGANG MIT KUNDEN:
> Sei loyal. Stehe zu deinem Kunden wie ein Soldat zu seiner Armee. Zieht der Kunde dich aus gutem Grund in einen Krieg hinein, zögere und zaudere nicht. Lege die Rüstung deines Wissens und deiner Fähigkeiten an, sammle die Wut und ziehe an der Seite deines Kunden, mit ihm und für ihn, in die Schlacht.

Nach ein paar Sekunden öffnet ein Mann. Er trägt eine schwarzgraue Jeans, ein rot kariertes Hemd und eine Brille an einem Band auf der Brust. Sein schwarzes Haar ist gefärbt. Wo uns die einzelnen Augenbrauenhaare entkommen, wehren sich bei ihm ein paar dünne Strähnen dagegen, ihr natürliches Grau von der Farbe erwischen zu lassen.

«Ja?»

«Guten Tag. Sie sind Funker, nicht wahr?» Wulf zeigt auf die Antenne.

Der Mann begreift in Sekunden, dass er einen Fachmann vor sich hat. Ich erkenne es an seinem Blick, dieser Mischung aus Skepsis, genervter Wut und Ängstlichkeit.

«Nein, das ist ein Basketballkorb.»

«Wirklich?»

«Ja.»

«Dann tut mir Ihr Sohn leid.»

«Wieso das?»

«Ein Junge, der auf einen Basketballkorb mit halbem Durchmesser werfen muss, entwickelt garantiert schwere Minderwertigkeitskomplexe. Das kann in späteren Jahren bis zur Impotenz gehen.»

Frau Weiß sieht mich erschrocken an, als wolle sie sagen: Darf Ihr Kollege so sprechen?

Der Mann in der Tür sagt: «Was fällt Ihnen ein?»

«Also entweder kastrieren Sie absichtlich Ihren Sohn oder Sie sind Funker. Eines von beidem.»

Der Mann schweigt.

«Also Funker», sagt Wulf.

Er zeigt den Hügel hinab: «Sie haben heute Morgen während des Unwetters die Frequenz einer nachbarschaftlichen Markise erwischt. Unsere Klientin hat es mit einem Totalschaden zu tun. Daher bitte ich Sie, Ihre Haftpflichtversicherung einzuschalten.»

Der Blick des Mannes ändert sich. Skepsis und Ängstlichkeit verschwinden daraus. Jetzt bleibt nur noch die genervte Wut.

«Verpissen Sie sich von meinem Grundstück, aber schnell!», bellt er plötzlich. So laut und kehlig asozial, dass es mir in der Brust brennt und mich daran erinnert, wie es gewesen ist, wenn die Schläger damals auf der Schule den kleinen Philipp unhöflich danach fragten, ob er ihnen womöglich seine Jacke überlassen könnte. Oder seine neuen Turnschuhe. Das vergisst man nicht. Wulf allerdings ist immun gegen die einschüchternde Wirkung archaischer Aggressivität. Ungerührt bleibt er stehen.

«HAUEN SIE AB!!!»

Jetzt fliegt Wulf sogar die Wutspucke des Mannes ins Gesicht. Feine, hasserfüllte Speicheltröpfchen.

Wulf wischt sich mit dem Ärmel das Gesicht ab und fragt: «Im Ernst? Ihr letztes Wort?»

Der Mann schnauft und ballt ernsthaft seine Faust.

Wulf hebt die Hände und steigt rückwärts die Treppe hinab. «Gut, wenn Sie es so wollen.»

Bis er die letzte Stufe erreicht hat, behält Wulf den geifernden Giftzwerg mit den gefärbten Haaren im Blick, dann dreht er sich zu uns um und sagt: «Kommt, wir gehen.»

Wir entfernen uns.

Der zornige Funker schaut uns hinterher.

Erst auf Höhe der Wildwiese, außer Hörweite, sprechen wir wieder. Frau Weiß sagt: «Und jetzt? Das war's?»

Wulf hält an, der Klatschmohn streichelt seine Hosentasche wie eine Katze, die ihr Öhrchen aus dem Feld streckt. Wulf sagt: «Wir kommen morgen wieder.» Und fügt geheimnisvoll hinzu: «Dann ist die Zeit der Vergeltung gekommen.»

Frau Weiß schaut so neugierig wie verwirrt. Ich überlege,

was mein Kollege vorhaben könnte. Dann dämmert es mir. Und ich freue mich auf morgen wie ein kleines Kind.

Frau Weiß, Wulf und ich hocken in der Wildwiese zwischen der Schafgarbe, dem hohen Gras und dem wohlgeformten Rotdorn, den Frau Weiß' Mann vor drei Jahren wild gepflanzt hat. Wulf hält ein abenteuerliches Gerät in der Hand, das aussieht wie eines dieser altmodischen, gigantischen Ur-Handys. Weiße Gummitasten, ein bläuliches Display, ein Lautsprecherfeld. Oben aufgeschraubt: Eine Richtantenne in H-Form. Aus dem Lautsprecher ertönt das Zischen, Rauschen, Knistern und Singen der in der Luft liegenden Funkwellen. Im Display leuchten Zahlen. Sie stellen die Frequenzen dar. Eine Fliege klettert über Wulfs Schulter, während er erklärt: «Funk ist keine Hexerei. Die Frequenzen sind so real wie die Pflanzen hier im Feld. Man muss sie nur aufspüren.»

Wulf dreht die Richtantenne. Die Geräusche verstärken sich.

«Das ist ein bisschen wie beim WLAN», doziert er. «Wenn Sie irgendwo in einer Fußgängerzone sitzen und Ihr Smartphone zeigt Ihnen alle Netze an, die um Sie herum sind. Das WLAN von dem Café gegenüber genauso wie die der Dutzende anderer Smartphones um Sie herum. Wenn Sie jetzt eine Hackerin wären, könnten Sie auf jedes dieser Telefone zugreifen. So. Und genau das machen wir heute mit dem funkenden Wutbürger da hinten.»

Wulf beugt sich zur Seite und öffnet die kleine Tasche, die er zusätzlich dabei hat. Er holt ein kleines Netbook heraus, streicht das Stückchen Wiese vor sich glatt und stellt es auf. Während das Gerät hochfährt, zieht er ein weiteres Gerät aus der Tasche, das aussieht wie ein Bauteil, welches man sonst in Desktoprechner steckt. Eine kleine, offene Platine. Sie ist mehr als ein Rechnerteil. Sie ist ein voll funktionsfähiger Computer. Frei programmierbar für die Freaks der Welt! Ein Raspberry Pi.

DER RASPBERRY PI

In den Anfängen der Heimcomputer-Epoche glaubte niemand den Teenagern, wenn sie sagten, sie wollten einen Rechner, «weil man damit auch selbst Programme schreiben kann». Die Erwachsenen glaubten, es ginge allen (meist männlichen) Teenagern in Wirklichkeit nur um die Spiele. Dabei stimmte das mit dem Programmieren bei vielen der jungen Menschen, die man heute «Nerds» oder «Geeks» nennen würde. Die frühen Heimcomputer wie der Apple I, der Sinclair Z80 oder auch noch der Megaseller Commodore 64 mit dem auf BASIC basierenden Betriebssystem ermöglichten tatsächlich massive kreative Eingriffe und Eigenentwicklungen.

Mit der Weiterentwicklung der Computer wurde der Komfort größer und die Systeme geschlossener. Selbst immer weniger Studenten der Informatik hatten zu Beginn ihres Studiums überhaupt irgendwelche relevanten Programmierkenntnisse. Eine so entsetzliche Tatsache, als würden angehende Designer ihr Studium mit einer Bewerbungsmappe voller Kinderkritzeleien antreten wollen. Aus diesem Grund entstand an der Universität von Cambridge im Jahre 2012 der winzige Einplatinencomputer Raspberry Pi, entwickelt von der gleichnamigen Raspberry Pi Foundation. Der Rechner ist für Laien gar nicht als solcher zu erkennen. Das Ein-Chip-System ist kaum größer als eine Kreditkarte. Niemand kann dieses Gerät, das für 5 bis 35 Dollar verkauft wird und ein offenes System darstellt (meist mit Linux als Betriebssystem oder einer Skelettversion von Windows 10 ohne jede graphische Oberfläche), einfach so benutzen. Es erfordert statt eines «Users» sozusagen einen «Creator». Über sieben Millionen verkaufte Exemplare bis Herbst 2015 beweisen, dass es derlei Menschen noch ausreichend gibt.

«Was ist das?», fragt Frau Weiß.

«Mein kleiner Freund und Helfer», sagt Wulf und holt ein drittes Teil aus der Tasche. «Ein Helfer, der seine Pflicht heute nur tut, wenn ich dieses Teil noch in ihn hineinstecke.» Wulf schiebt einen schwarzen Stick in den USB-Slot des Raspberry Pi. Einen schwarzen Stick mit winziger Antenne daran. Der Stick ist ein DVB-T-und-SDR-Receiver. Ein winziger Empfänger, der Signale aus der Luft fischen kann.

«Dieses kleine Ding ist meine Angel», sagt Wulf.

Frau Weiß zeigt auf das große Gerät mit der Richtantenne.

«Ich denke, das ist Ihre Angel?»

«Zur groben Orientierung», sagt Wulf. «Und für die Atmosphäre, wenn wir hier im Gebüsch sitzen wie TKKG.»

Frau Weiß schmunzelt.

Wulf streichelt die hauchdünne, aber stabile Antenne am Stick. «Aber dieser Winzling hier, der kann das ganz weite Spektrum. Der würde sogar mitkriegen, wenn uns Außerirdische anfunken.»

Wulf öffnet ein Programm auf dem Netbook. Es besteht nur aus einfachen Zeichen und Zahlen. Eine Liste mit Spalten, die Namen tragen wie «PID», «User» und «COMMAND». In den jeweiligen Spalten dann kryptische Zahlenwerte sowie in der Command-Reihe Begriffe wie «lxpanel», «rcu_shed» oder «ksoftirqd/1». Mit anderen Worten: Für Laien ein ähnlicher

Horror wie damals der Mathe-Unterricht in der Schule. Für uns: IT-Porno.

Wulf sagt: «Ich starte jetzt RTL_433. Das hat nichts mit diesem seltsamen Fernsehsender zu tun. Das sucht jetzt die Signale … uuuuund … da ist schon eins!»

Frau Weiß und ich schauen auf den kleinen Bildschirm. Ein Grashalm drängt sich keck ins Bild.

Wulf erklärt: «Er hat ein Signal empfangen, kann es aber nicht decodieren. Dazu brauchen wir jetzt ein Modul, das den Code knackt. Kann man selber schreiben. Sind aber schon fünfzig Stück bei der Software dabei.»

Wulf ist ganz in seinem Element. Er öffnet das nächste Fenster. Noch mehr Kauderwelsch, das selbst ich kaum noch durchschaue. Der Anfang ist allerdings verständlich. Das Programm zeigt an, was der Signalgeber wie oft und in welcher Taktung von sich gegeben hat. Dann folgt ein Programmcode, den ich nicht mehr nachvollziehen kann. Um so etwas zu lernen, müsste ich die Gutenachtgeschichten für meine Kinder durch private Fortbildungen in Geek-Kunde ersetzen. Da liegen meine Prioritäten dann doch woanders.

«Ach, jetzt weiß ich, was wir hier für ein Signal erwischt haben!», sagt Wulf. «Guckt, da können wir jetzt die Daten auslesen.»

Frau Weiß beugt sich vor. Ich kneife die Augen zusammen. Wulf tippt auf die entscheidenden Zeilen.

House Code: 228
Channel: 1
Battery: OK
Temperature: 32.70 C

Wulf hat tatsächlich das Signal einer Wetterstation geknackt.

«So», sagt er. «Bei anderen Leuten die Wetterstation von Tchibo abzutasten, ist noch im gesetzlichen Rahmen. Aber ich habe ja gesagt, dieses kleine Biest hier schafft Frequenzbereiche, die dürfen auf einer längeren Distanz als wenige Meter nur Forschungseinrichtungen senden und empfangen ... oder eben: Funkamateure mit Lizenz. Wie unser Oberschurke da hinten!»

Wulf tippt, friemelt und brabbelt vor sich hin: «Die magische Zahl lautet, Augenblick, gleich hab ich's, 433 Megahertz.» Er hebt den Blick und den Finger, drückt eine Taste und sagt: «Guckt hin!»

In 500 Metern Entfernung öffnet sich knarrend und quietschend des bösen Funkers Garagentor. Sofort öffnet sich die Haustür. Verwirrt stapft der Mann über seinen Vorplatz und schließt das Tor wieder. Frau Weiß ist beeindruckt.

«Das waren jetzt echt Sie? Mit diesem Computer?»

«Es hat einen Grund, wieso man in Europa als Privatmensch ohne Funklizenz nur im sogenannten PMR-Bereich arbeiten darf. Auch genannt Jedermannfunk. Ein sehr kleiner Bereich von 446,000 bis 446,100 Megahertz. Mit anderen Worten: Weit über der Frequenz für Garagentore. Aber was soll ich sagen? Ich nenne das Notwehr.»

Wulf grinst. Ich bin ebenfalls recht baff.

Frau Weiß fragt: «Aber wie geht das?»

Wulf antwortet: «Das Programm scannt die Frequenz, nimmt sie sozusagen auf und spielt sie dann wieder ab, sodass das Tor denkt: Ah, mein Hausherr drückt gerade die Fernbedienung.»

«Und so ähnlich hat er das mit meiner Markise gemacht?»

«Ja, aber sicher nicht absichtlich. Aber er muss gestehen. Also drücken wir noch mal.»

Wulf klickt. Das Tor öffnet sich. Der Mann stürmt wieder aus seinem Haus. Wild wirft er den Kopf umher und schaut sich um. Wulf steht auf und sagt: «Bleibt in Deckung. Man weiß nie, was ein verwundetes Raubtier so macht.»

Mit dem Netbook und dem angeschlossenen Raspberry daran schlendert er über die Wildwiese zwischen den Häusern der Klaviertochter und der Mopedfahrer auf den Funker zu. Als dieser Wulf erkennt, steigt ihm fast der Qualm aus den Ohren. Wulf klickt. Das Tor schließt sich wieder.

«Sie …», grollt der Funker.

«Ich», unterbricht ihn Wulf, «kann noch ganz anders. Das Garagentor ist nur eine Arbeitsprobe.»

«Ich zeige Sie an! Das dürfen Sie nicht!»

«Ach nein?»

«Nein! In diesem Frequenzbereich haben Sie nichts zu suchen! Da dürfen nur wir …» Der Mann hält sich die Hand vor den Mund, aber es ist schon zu spät.

«… da dürfen nur lizenzierte Funker wie Sie hinein, wollten Sie sagen», bringt Wulf den Satz zu Ende, balanciert das Netbook in der einen Hand und zieht mit der anderen sein Handy aus der Tasche. «Die Aussage habe ich soweit aufgezeichnet.»

«Ich zeige dich an, du Hund!», pöbelt der Mann.

«Holen Sie gerne die Polizei dazu. Die kann dann Ihre Antenne und Ihre Anlage in Hinblick auf versehentlich ausgelöste Markisen untersuchen. Ich denke kaum, dass sich in Reichweite meiner Klientin noch andere Fachleute befinden, die einen so leistungsstarken Basketballkorb haben wie Sie.»

Der Mann wirkt, als überlege er ernsthaft für zwei Sekunden, Wulf zu erdolchen und in der Wildwiese zu verscharren.

«Haftpflicht?», fragt Wulf.

Eine Woche später sitze ich am Schreibtisch, während Wulf nebenan einen Kunden beruhigt. Ich öffne eine Mail von Frau Weiß.

Lieber Herr Spielbusch, lieber Herr Wiegner,

der Nachbar hat seine Versicherung veranlasst, mir die Markise zu ersetzen. Sie sind eine Wucht! Mein Mann hat Ihnen zu Ehren eine junge Eiche gepflanzt, genau an der Stelle, an der wir in der Wiese gekauert sind.

Darunter ein Foto von Frau Weiß und ihrem Mann neben dem jungen Baum. Ich winke Wulf herbei, zeige ihm die Nachricht und klopfe ihm auf die Schulter. Leg dich niemals mit einem IT-Guerilla an.

DIE KINDERSICHERUNG

Josip und Milan poltern im Hausflur herum. Rechnerleiche für Rechnerleiche leeren die zwei Brüder das Schwerlastregal und tragen die alte Hardware in ihren verbeulten Lieferwagen. Jonas sitzt am Glastisch und beugt sich weit in Richtung Türrahmen, um das Geschehen mit langem Hals zu beobachten.

«Und die machen wirklich eine ordentliche Wiederverwertung?», fragt er.

Ich kontere mit einer Gegenfrage: «Wieso nicht?»

«Na weil, weil …»

«Weil es keine strammen Preußen sind?», frage ich. «Haben wir hier etwa einen kleinen Rassisten sitzen?»

Jonas winkt ängstlich ab. Der Trick funktioniert bei ihm immer.

«Ich mein ja nur», sagt er kleinlaut und zeigt Richtung Zimmerdecke. «Die heimlich Herrschenden dieser Welt machen uns schon fertig genug mit ihren Substanzen im Himmel. Da muss man nicht noch als einfacher Mann auf der Erde giftige Computerteile verbrennen.»

«Wir verbrennen nix!», sagt Josip, der unseren jungen Dauergast gehört hat. Der gewissenhafte Scheunenschrauber legt mir ein paar zerknitterte Scheine auf die Theke. Der Ehren-Obolus für die ganze Ladung Elektroschrott, von der sie mich befreit haben und die in ihre Bestandteile aufzulösen sich für die beiden lohnt. Ich stehe auf und nehme das Geld.

Josip fragt: «Was meint der kleine Mann mit Substanzen im Himmel?»

«Psst. Das Thema nicht laut ansprechen, bitte. Sonst beginnt er Vorträge zu halten.» Josip begreift. Der junge Mann ist also etwas plemplem.

Zu den vielen Verschwörungen, an die Jonas glaubt, gehört selbstverständlich auch die von den Chemtrails. Jeder Kondensstreifen eines Flugzeugs am Himmel, der sich nicht schnell und mit weichen Rändern versehen auflöst, ist in diesem Weltbild kein Kondenswasser, sondern eine bewusst ausgebrachte Chemikalie, die je nach Bedarf experimentell die Bevölkerung vergiftet oder das Wetter beeinflusst. Die Tatsache, dass heutzutage zum Zwecke der Regenerzeugung wirklich Wolken mit Silberjodid «geimpft» werden, hat den Chemtrail-Theoretikern nicht gerade den Wind aus den Segeln genommen.

Josip nimmt sich eine Lakritzschnitte aus dem Haribo-Glas. Auf der Theke liegt ein Stapel brandneuer Broschüren zum Thema *Kinder sicher am PC und im Internet*. Wulf und ich haben in der Aula der örtlichen Gesamtschule vor zwei Tagen einen Informationsabend zum Thema veranstaltet.

«Wir sehen uns in drei Monaten», sagt Josip und gibt mir die Hand. Sein Bruder lässt unten vor dem Haus bereits den alten Dieselmotor an. Ich drücke seine kräftige Pranke und bewundere ihn dafür, dass er den Kampf gegen seine wuchernden Augenbrauenhaare längst aufgegeben hat. Körperbehaarung bekämpfen. Im ersten Teil von *Tomb Raider* den verdammten Felsvorsprung zum Hochziehen finden. Die Bauern der einsam stehenden Streuhöfe von den Vorteilen eines Glasfaserkabels überzeugen – manche Ziele nicht länger zu verfolgen, entlastet ungemein. Josip geht. Als er im Hausflur um die Ecke gebogen ist, ruft Wulf sein erstes Wort des Tages aus der Werkstatt: «Sicher?»

Es richtet sich an Jonas. Der kleine Verschwörungstheoretiker sagt: «Ganz sicher.»

Wulf räuspert sich. Dann schiebt er die CD in den Rechner des jungen Paranoikers. Es ist das erste und sicherlich auch letzte Mal, dass wir einen Computer auf Wunsch nicht auf-, sondern abrüsten. Jonas' Glaube, sich den Bundestrojaner eingefangen zu haben, ist ungebrochen. Daher hat er nun eine Lösung für sich gefunden, die innerhalb der Logik seines Denkens einer gewissen Eleganz und Schönheit nicht entbehrt: Er lässt sich von Wulf wieder das alte Betriebssystem Windows XP aufspielen.

Der Grund? Die Unterstützung dieses Systems wurde von Microsoft vor kurzem endgültig und unwiderruflich eingestellt. Das bedeutet: Keine Updates mehr. Keine ungefragten Aktualisierungen im Hintergrund, durch die – so Jonas' fester Glaube – der Staat, die NSA und wahrscheinlich auch die Freimaurer unbemerkt Spionagesoftware aufspielen. Keine groß angelegte Infizierung des Systems. Und vor kleinen, privat arbeitenden Virenprogrammierern muss man bei einem veralteten System in der Tat keine Angst mehr haben.

«Die werden sich wundern», lacht Jonas.

Auf meinem Schreibtisch wartet immer noch die Steuer. Immerhin habe ich mittlerweile wenigstens den Ordner dafür angefangen. Er enthält zwei fertig eingeheftete Blätter und steht am linken Rand. Der hohe Turm unbearbeiteter Post auf der rechten Seite der Tischplatte hingegen kippt nur deswegen nicht um, weil ich ihn mit einer alten Festplatte beschwert habe, die ich seit zehn Jahren für diesen Zweck benutze. Sie ist zu putzig, um sie Josip und Milan zu geben. Schwer und klobig wie ein kleiner Ziegelstein, beträgt ihre Speicherkapazität gerade mal 200 Megabyte.

Wären unsere Garagen, Keller und Dachböden wie Festplatten, müssten wir uns über die Sammelwut mancher Zeitgenossen keine Gedanken mehr machen. Der verfügbare Raum würde exponentiell zu unseren Bedürfnissen wachsen. Was die Rechenleistung von Prozessoren angeht, sagte Gordon Moore, Mitbegründer der Firma Intel, schon 1965 richtig voraus, dass sich die «Komplexität integrierter Schaltkreise» regelmäßig je nach Lage der Dinge alle 12 bis 24 Monate verdoppelt. Mit anderen Worten: Das Tempo der Prozessoren steigt nicht gleichmäßig, sondern exponentiell, während die Chips noch dazu immer kleiner werden.

Eine ähnliche Kurve wie die des «Moore'schen Gesetzes» für Prozessoren ist auch bei der Entwicklung des Speicherplatzes zu beobachten. Er hat sich seit der Massenanfertigung von Festplatten bis 2005 rund alle 16 Monate verdoppelt. Seither wächst die maximale Festplattenkapazität für den Privatgebrauch etwas langsamer. In historischen Maßstäben betrachtet ist die Entwicklung der Computertechnologie allerdings atemberaubend bis irrsinnig schnell.

Das wird einem besonders bewusst, wenn man sich vor Augen führt, dass die erste Festplatte überhaupt erst im Jahre 1956 in Betrieb genommen wurde. Das Festplattenlaufwerk IBM 350 maß 1,73 Meter in der Höhe, 1,52 Meter in der Breite und 74 Zentimeter in der Tiefe und enthielt 50 Aluminiumplatten von jeweils 61 Zentimeter Durchmesser, die in dem Monstrum mit 1200 Umdrehungen pro Minute rotierten. Diese Festplatte von der Größe eines soliden Schlafzimmerschrankes fasste insgesamt 5 Megabyte, also in etwa die Speichermenge, die heute ein ordentliches digitales Foto benötigt. 60 Jahre später gibt es USB-Sticks mit einer Speicherkapazität von einem Terabyte, die man als Schlüsselanhänger bei sich tragen kann. Umgerechnet auf die Größe der ersten Festplatte, wären das 209715 dieser Schlafzimmerschränke.

Wulf stößt bei der Installation von Windows XP auf Jonas' Computer Laute der Lust aus. Zwar sind wir als ITler in Sachen Technik immer an vorderster Front, aber unsere wahre, echte, reinste Leidenschaft ist die technologische Nostalgie. Wo andere Teenager damals an ihren Mopeds herumgeschraubt haben oder auf dem Bolzplatz neue Fußballtaktiken ausprobierten, fuhren wir mit den Fingerkuppen über die Folientastatur unseres ersten Computers namens Sinclair ZX Spectrum und verbrachten unsere Zeit damit, Computerprogramme Zeile für Zeile aus Fachzeitschriften abzutippen.

Das wurde damals tatsächlich so gemacht. Die Redaktionen druckten ganze Software in der Programmiersprache BASIC einfach offen ab, 48 Seiten mit Tausenden von Zeilen. Was bedeutete: das ganze Wochenende tippen, um schließlich am Sonntagabend auf «Ausführen» zu drücken, gebannt auf den Monitor zu starren und festzustellen: Scheiße, in Zeile 4285 muss ich ein Komma vergessen haben. Es war göttlich.

Wenn Menschen wie wir heute Kopfschmerzen haben oder Anfälle von leichter Depression, öffnen wir einfach ein paar Nostalgie-Webseiten im Internet oder verschwinden mit den bunt gedruckten Nachschlagewerken des Kultjournalisten Winnie Forster in der Badewanne, schauen uns die Fotos uralter Computer an und werden augenblicklich wieder glücklich und gelassen.

Es klingelt unten an der Haustür. Das kleine Kamerafenster auf meinem linken Bildschirm zeigt an, dass eine Frau vor dem Haus steht. Sie hat ihr dunkles Haar zum Zopf gebunden und trägt einen Rucksack auf den Schultern. Ich drücke den Knopf für die Gegensprechanlage: «Ist offen!»

Schritte auf der Treppe. Jonas steht vom Glastisch auf und schlendert durch sein zweites Zuhause. Die Frau erscheint in der Tür und tastet sich ins Büro vor wie eine Studentin, die ihren Professor nicht stören will.

«Ja, äh, guten Tag.»

«Kommen Sie rein», sagt Jonas und stellt sich an unseren Vollautomaten. «Darf ich Ihnen einen Kaffee anbieten?»

Die Frau nickt. Unsicher, tastend. Einerseits. Andererseits klingt sie so, als nehme sie nur Anlauf.

«Creme? Cappuccino? Espresso?»

«Creme.»

Jonas stellt eine Tasse unter die Düse.

Die Frau sieht mich an: «Wüllers mein Name. Herr Spielbusch, Sie und Ihr Kollege haben vor zwei Tagen diesen Informationsabend an der Schule gegeben. Zum Thema Kindersicherung und Internet.»

«Ja. Das ist richtig.»

Sie neigt sich zur Seite, lässt den Rucksack über ihre Schulter gleiten, zieht den Reißverschluss auf, holt einen Laptop raus und legt ihn auf die Theke.

«An dem Abend haben Sie angeboten, diese Kindersicherung einzurichten. Könnten Sie das, ähm, auf diesem Gerät machen?»

Sie fährt den Laptop hoch.

Ich stehe auf und gehe um die Theke herum.

«Klar. Setzen wir uns.»

Wir gehen an den Glastisch. Jonas serviert. Das ist das Mindeste. Schließlich haben wir für die Installation von Windows XP wie immer keinerlei Honorar vereinbart.

Ich verschaffe mir einen ersten Überblick über das System. Windows 7. Immerhin.

Das Hintergrundbild zeigt Vin Diesel von hinten auf einer Landstraße neben seinem roten, breit bereiften Muscle Car. «All roads lead to this», steht zwischen ihm und den Seitenstreifen der Straße. *Fast & Furious* 6 unten in der Mitte. Ich bemerke, wie die Kundin ganz sachte mit den Augen rollt. Da ich die Software für den Jugendschutz einrichten soll, tippe ich stark, hier den Rechner ihres Teenager-Sohnes vor mir stehen zu haben.

Dann erscheinen die Programmsymbole auf dem Desktop, bis Vin Diesel kaum noch zu erkennen ist.

Ich nippe an meinem Kaffee, hole eine der Jugendschutz-CDs aus dem Regal und lege sie in den Rechner. Es dauert, bis das System den Silberling überhaupt zum Laufen bringt und das Installationsmenü sich öffnet. Ein wenig konsterniert starrt Frau Wüllers auf den Monitor.

Mir fällt gerade nichts zum Reden ein. Auf eine Predigt zum Thema, dass es wenig ratsam und auch nicht nötig ist, jedes vorhandene Programm plus einen Haufen Dateien mittels Verknüpfung auf den Desktop zu schmeißen, habe ich gerade keine Lust. Ist ja nicht ihr Rechner, sondern der eines Teenagers, der sich jeden Tag gerne das breite Kreuz von Vin Diesel anguckt. Einen solchen jungen Mann zum Sortieren, Ausmisten und Pflegen seiner Daten zu mahnen, bringt ungefähr so viel, wie ihm das große Glück vermitteln zu wollen, das im Sortieren von Socken steckt. Dabei weiß jeder, sobald er das Erwachsenenalter erreicht hat: Kaum etwas erzeugt tiefere

173

Glücksgefühle als der Moment, in dem ein lange voneinander getrenntes Sockenpaar sich unerwartet wiederfindet.

Der Rechner schnauft und arbeitet.

Frau Wüllers schweigt.

Jonas rückt ungefragt Prospekte auf der Theke gerade und beobachtet uns dabei aus dem Augenwinkel.

Ich müsste mal was sagen. Immerhin bin ich als Dienstleister auch Gastgeber und Alleinunterhalter.

GOLDENE REGEL IM UMGANG MIT KUNDEN:
Beherrsche Small Talk. Nichts ist für den Kunden so unangenehm wie peinliches Schweigen. Sogar ein heftiger Streit würde eher dafür sorgen, dass er dein Kunde bleibt, als diese Momente. Wenn du keinen Small Talk beherrschst, erlerne ihn! Ohne Ausrede! Es gibt Kurse, Bücher und Seminare, die zu nichts anderem dienen, als ein flüssiger, angenehmer Small Talker zu werden. Kein Witz. Google es nach. Und melde dich für so einen Workshop an, wenn du es nötig hast.

«Wetter ist auch nicht so, oder?», höre ich es aus mir herauspurzeln und denke mir: Au Backe. Flacher geht's nur mit der Planierwalze.

Frau Wüllers sagt: «Wenn man morgens nicht weiß, wie es abends wird.»

«Ja, schrecklich», nicke ich.

«Wir haben es nicht in der Hand», sagt Frau Wüllers.

«Wir nicht», ruft Jonas von der Theke herüber, «aber andere. Wetter ist eine reine Frage der Interessen von …»

«So, da sind wir endlich so weit!», rufe ich, um den möglichen Vortrag über Chemtrails und Wolkenmanipulation zu unterbinden. Die Software ist installationsbereit.

«So, Frau Wüllers», sage ich, «nun geht es um die Frage, welche Internetinhalte denn genau gesperrt werden sollen. Man gibt hier ja nicht jede Webseite einzeln ein. Um den Umfang einschätzen zu können, müsste ich jetzt erst mal das Alter des Kindes wissen, von dem wir hier sprechen.»

Frau Wüllers sagt: «Neununddreißig.»

Ich sitze sprachlos.

«Es geht um meinen Mann, nicht um meinen Sohn.»

Frau Wüllers vermeidet Augenkontakt, als sie das sagt. Konzentriert schaut sie an die Wand.

Ich überlege kurz, aber was soll's? Die Kundin ist Königin.

Mit wenigen Handgriffen stelle ich den Kinderschutz so ein, dass der einfache Weg zu den Pornos fürs Erste verbaut ist.

Sieben Stunden später. Die Augen sind schwer, die Füße haben Wasser vom vielen Sitzen und vor dem Fenster bricht langsam der Abend herein. Zwar ist es noch taghell, aber man spürt schon, dass der Tag sich den Anzug ausgezogen hat und in die Pantoffeln geschlüpft ist. Jonas ist mit dem brandneu auf uralt getrimmten Laptop glücklich gegangen. Wulf lehnt sich im Stuhl zurück und verschränkt die Arme hinter dem Kopf.

«In aller Ruhe einen Rechner gedowngradet», sagt er. «Ich fühle mich so zufrieden, als hätte ich ein Denkmal gerettet. Ich glaube, im nächsten Leben werde ich Restaurateur.» Er grinst. Wenn Wulf so viele Worte macht, ist er euphorisch. Ich überlege mir, heute Abend nach langer Zeit einfach mal wieder in die Badewanne zu gehen, und freue mich darauf, gleich das Büro abzuschließen.

Da klingelt das Telefon.

Ich seufze.

Wulf sagt: «Noch ist Arbeitszeit.»

Ich seufze lauter.

Wulf schüttelt den Kopf und erbarmt sich. Donnerwetter. Er verändert sich. Langsam erlebe ich Evolution am lebenden Wulf.

«Philipp Spielbusch Computer, Wiegner am Apparat, was kann ich für Sie tun?»

Wulf stellt laut. Eine erboste Männerstimme bollert blechern aus dem Gerät: «Welcher Pappkopp war an meinem Rechner? Jetzt geht gar nichts mehr. Ich will sofort mein Geld wiederhaben und die zuständige Pfeife soll zusehen, dass das Ding wieder funktioniert!»

«Wer spricht denn überhaupt da?», frage ich.

«Frank Wüllers. Meine Frau hat heute den Laptop bei Ihnen vorbeigebracht, weil er immer langsamer wird. Und jetzt? Geht nix mehr!»

Ich suche hektisch nach einem Zettel und einem Stift. Das Erste, was ich finde, sind ein pinkes Post-it und ein roter Marker. Eilig kritzele ich *Kindersicherung installiert!* drauf und halte es Wulf vor die Nase. Er kneift die Augen zusammen. Nickt. Atmet durch. Grinst. Schaltet die ruhigste und tiefste Stimmfarbe ein, die er zu bieten hat. Das kann er, wenn er will. Es ist entwaffnend und klingt wie Klausjürgen Wussow als Professor Brinkmann in den ganz frühen Tagen der *Schwarzwaldklinik*.

«Was genau geht denn nicht mehr?», fragt er den Kunden.

Der antwortet, präzise wie gewohnt: «Ja, nix!»

«Bitte beschreiben Sie dieses Nix etwas genauer. In unserem Fach gibt es rund zwei Dutzend Arten des Nichts.»

Eine Sekunde Schweigen in der Leitung. Dann die präzise Angabe: «Internet.»

Wulf sagt: «Starten Sie Ihren Browser.»

«Ja. Geht.»

«Was sehen Sie?»

«Google.»

«Gut. Dann rufen Sie mal, meinetwegen, www.web.de auf.»

«Geht.»

«Okay. Machen Sie, öh, www.kicker.de.»

«Ja. Was? Wie? Der Kevin Großkreutz verschwindet nach Istanbul? Ich glaube, ich guck nicht richtig! Nach Istanbul??? Wenn einer Dortmund war, dann der Kevin!!! Wenn eine Stadt zum Menschen werden könnte, dann wäre Dortmund als Großkreutz auf Erden gewandelt. Mein Gott! In die Türkei!»

«Also geht die Webseite vom Kicker?»

«Ja, geht.»

Wulf ist fies. Er weiß ja längst, was sich in Herrn Wüllers' Internet nicht mehr öffnen lässt. Natürlich hakt er trotzdem weiter nach.

«Was geht denn dann im Internet nicht? Haben Sie Beispiele?» Wulf grinst und hebt den Daumen in meine Richtung.

Ich fühle mich schlecht. Wahrscheinlich hätte ich Frau Wüllers ohne Kindersicherung nach Hause schicken sollen.

«Vorhin konnte ich nichts aufrufen. Gar nichts.» Er wird saurer. Das merkt man hierzulande daran, wenn das Duzen beginnt. Deutlich lauter als zuvor poltert er: «Junge, bring das wieder in Ordnung!»

Wulf sagt: «Ist Ihre Frau gerade zu Hause?»

«Nein.»

«Auch sonst keiner im Haus?»

«Nein.»

«Könnte es sein, dass Sie sich gerade gemütlich ein paar erotische Sinnesdramen reinziehen wollten?»

Herr Wüllers schimpft: «Was geht Sie Knallkopp das denn an?»

Ich signalisiere Wulf, dass er die Sache auflösen soll. Er hat nicht so recht Lust und würde gern noch ein bisschen spielen. Ich gucke finster. Bemühe mich mit größtem Aufwand um den Chefblick. Wulf seufzt.

«Was ist jetzt?», fragt Herr Wüllers.

Wulf sagt: «Ihre Frau gab uns den Auftrag, den Rechner kindersicher zu machen. Was die Freigaben von Internetseiten angeht, müssen Sie wohl mit ihr über die Freigaben sprechen.»

Vom anderen Ende der Leitung tönt nichts mehr herüber. Nur ein leises, kratzendes Atmen ist zu hören. Es klingt wie eine Mischung aus einem schnarchenden Hund und einem Krokodil, in dessen Nasenlöcher sich zu viele kleine Zweige verfangen haben.

Dann legt Herr Wüllers auf.

Wir haben nie wieder etwas von ihm gehört.

ALLES UNTER KONTROLLE

Es ist ein Bahnhof.

Seit Jahren bilde ich mir ein, mir am ruhigen Kreisverkehr von Drensteinfurt zwischen kleinem Supermarkt, ruhiger Landstraße und plätscherndem Bach mit Spazierweg zum einsamen Spielplatz ein Büro für IT-Dienstleistungen eingerichtet zu haben, doch was ich in Wirklichkeit erschaffen habe, ist eine Bahnhofsvorhalle. Am Glastisch sitzt Jonas und hält seine Monologe. Zwischen seinen Füßen saugt Beate in Schlangenlinien. Nebenan flucht Wulf, weil er immer noch nicht herausgefunden hat, was dem Computer unserer Kundin fehlt, für die wir neulich sogar den bösen Nachbarn mit der Funkantenne sabotieren konnten.

Das Handy klingelt. Das Festnetz klingelt. Das Radio plappert. Im Ordner für die Buchhaltung sind mittlerweile drei statt zwei Blätter eingeheftet. In der Tür stehen ein braungebrannter Grieche vom weißroten Paketdienst und der schwarzgelbe Bote von der Deutschen Post. Ich nehme seinen Stapel als Erstes an. Viele Umschläge, ein paar Kataloge und ein Päckchen mit rätselhaften Adaptern, die Wulf bestellt hat.

Jonas blättert am Glastisch hektisch in einem Riesenstapel Büchern und Magazinen, während sein freiwillig runtergestufter Laptop sich daran abschuftet, Internetfenster zu öffnen. Windows XP ist eben kein Rennwagen.

Der Postbote drückt mir den Stift zum Unterschreiben auf seinem digitalen Empfangsbestätigungsknüppel in die Hand.

Der Grieche hebt sein Paket über des Postboten Schulter in meine Richtung.

Der Postbote zieht den Kopf ein.

Ich sage: «Wir haben nichts bestellt, was durch Ihre Firma angeliefert wird.»

Der Grieche schüttelt das Paket. Es rasselt, als wäre es mit winzigen Kieseln gefüllt. Der Postbote hält sich die Hand vors Ohr. Das Festnetz hört auf zu klingeln. Beates Sauger röhrt weiter.

Ich sage: «Wir haben schon gar nichts bestellt, was rasselt!»

«Ist für Nachbarn!», sagt der Grieche.

«Unser einziger Nachbar ist der Druckmeister im Erdgeschoss, und der kündigt immer vorher an, wenn wir was entgegennehmen sollen.»

Das Handy hört auf zu klingeln. Beate stößt mit dem Sauger gegen den Türrahmen im Durchgang zu Wulf.

Der Grieche schüttelt genervt den Kopf, als wäre ich ein Kind, das die simpelsten Zusammenhänge nicht begreift. Er schnippt mit den Fingern und zeigt durch die Wand Richtung Wohnviertel schräg hinter unserem Gebäude.

«Diese Nachbarn?», rufe ich erstaunt aus.

Der andere Postbote steckt derweil sein Gerät ein und taucht unter dem sattsam behaarten Arm seines schlechter bezahlten Kollegen aus der reinen Privatwirtschaft hinweg Richtung Treppenhaus ab.

Das Festnetz fängt wieder an zu klingeln.

«Nachbarn, Nachbarn», wiederholt der Grieche und wedelt nun seinerseits mit Empfangsbestätigungsknüppel und Stift.

Ich sage: «Wir nehmen hier keine Pakete an.»

Wulf stößt nebenan Zischlaute aus.

Jonas kratzt wie manisch Diagramme und Pfeile auf Blätter

und beginnt, die Notizen mit Tesafilm an die Bürowand zu kleben wie die Ermittler in Filmen, die Verbrechersyndikate jagen.

Der Grieche sagt: «Nimmst du Pakete an.»

Es klingt weder wie eine Frage noch wie ein Befehl. Eher wie eine Mischung aus latentem Betteln auf der einen und einer ziemlich sicheren Zukunftsvoraussage auf der anderen Seite. Man müsste für diesen Tonfall ein komplett neues Satzzeichen erfinden. Das Du-kommst-meinem-Begehren-gleich-bestimmt-nach-Zeichen.

Ich schnaufe.

Das Festnetz fängt wieder an zu klingeln.

Der Grieche wackelt mit dem Kopf: «Machst du. Ich habe fünf Kinder. Muss meine Zeiten schaffen, sonst keine Arbeit und Kinder auf der Straße. Überfallen Leute. Brechen ein, wo sich lohnt. Zum Beispiel in Computerfirma.»

Er grinst.

Das Handy geht wieder aus. Das Festnetz plärrt weiter. Ich muss arbeiten. Reagieren. Vorwärts kommen. Wie der Paketbote.

«Ja, komm, geben Sie her», sage ich.

Er strahlt. «Du warten eben!»

Flugs stellt er das Rasselpaket auf den Boden, rennt die Treppe hinab und wuchtet sich zwei Minuten später wieder hinauf, einen Stapel vier weiterer Päckchen balancierend.

«Was ist das denn?», stoße ich aus.

«Viele Nachbarn!», ertönt die Stimme hinter dem Turm.

Die Pakete des Griechen stehen gestapelt vor der Tür der Teeküche, die ohnehin niemand mehr öffnet. Beate hat den Sauger ausgeschaltet und sagt: «Prima. Der nächste Quadratmeter, den man nicht mehr saugen kann.»

Das Festnetz klingelt ohne Unterlass.

«Wusstet ihr, woran die meisten Arbeitsbeziehungen mit Raumpflegerinnen scheitern?», fragt Beate. «Daran, dass die Raumpflegerin bald überhaupt nichts mehr pflegen kann, weil alles vollsteht und sie am Chaos verzweifelt.»

So wie ich an der Buchhaltung, denke ich.

Jonas reißt die nächsten Tesafilmstreifen ab. Die halbe Wand ist bereits mit Diagrammen, Tabellen sowie Fotos von Gebäuden und mutmaßlich mächtigen Männern beklebt. Er sagt: «So, Freunde des Schwerlastmodellbaus und der H0-Eisenbahn, bald wird das große Bild klar!»

Das Festnetz gibt keine Ruhe.

Ich gehe ran: «Philipp Spielbusch Computer, Spielbusch am Apparat, was kann ich für Sie tun?»

«Das Netz ist wieder weg!»

Dieter. Im Hintergrund hört man das Pressluftrattern seines Angestellten Dennis, der gerade wahrscheinlich an einem Fahrzeug die Räder wechselt.

Ich hole Luft. Bevor ich meinen Satz beginnen kann, sagt Dieter «Warte!» und hält raschelnd halbherzig den Hörer zu. «Dennis! Dennis! Guck auf die Felgen! Dennis! Du sollst auf die Felgen gucken!»

Wenn Dieter seine Angestellten anbrüllt, klingt das jedes Mal, als versuche ein Fußballtrainer in der Kreisliga eine Mannschaft aus tauben Alpakas zu lenken.

«Was sind das für Räder, Dennis? Hm? Was sind das wohl für Räder? Das sind die Winterräder vom Penzenstadler! Und was soll an die Karre dran? Na? Die Sommerräder vom Hönekop! Ob das wohl ein winziger Unterschied ist?»

Der Angestellte scheint irgendetwas zu antworten. Auf dieser Seite der Leitung, abgedeckt von Dieters ölverschmierter Handwerkerhand, ist es nur ein fernes, dumpfes Flüstern. Dieters Antwort selber allerdings versteht man wieder sehr gut: «Auch noch frech werden? Pass bloß auf, Junge! Ich reiß dir den Kopf ab und scheiß dir in den Hals!»

Hörer und Boden erbeben. An der Wand hinter dem Glastisch nimmt Jonas die ersten Werbeposter von unserer Bürowand, um mehr Platz für seine Blätter mit Gesichtern und Verweisen zu haben. Im Hörer macht die Hand wieder Dieters Stimme Platz.

«So, bin wieder da.»

«Schön», lüge ich.

«Also wie gesagt, Philipp. Das Netz ist wieder weg.»

Ich frage: «Hast du …»

Dieter unterbricht mich: «Ich habe das Stromkabel von der Fritz!Box gezogen und volle 30 Sekunden gewartet, bis ich es wieder eingesteckt habe. Und zwar insgesamt drei Mal. Dann habe ich unter dem Verdacht, der PC könne wieder aus Versehen eine falsche DNS-Adresse beziehen, in den Adaptereinstellungen bei der LAN-Verbindung unter Internetprotokoll Version 4 in den Eigenschaften den Haken unter ‹DNS-Serveradresse automatisch beziehen› geprüft, und er war definitiv gesetzt.»

Ich glaube nicht, was ich da eben gehört habe. Wie eine Frau, deren Ehemann das erste Mal nach zwanzig Jahren tatsächlich die Nudelreste von den Tellern wischt, bevor er sie in die Spülmaschine stellt, hauche ich in den Hörer: «Dieter, du hast meinen Brief mit der Anleitung vom letzten Mal wirklich gelesen?»

«Und ausgeführt. Nicht nur heute, sondern insgesamt schon zehn Mal. Zwei Mal, weil das Netz wirklich wieder weg war, und acht Mal einfach nur so, damit es mir leichter von der Hand geht. Ich bin Meister der Maschinen. Glaubst du, ich lasse mich auf Dauer von der kleinen Netzmaschine hier im Büro unterkriegen?»

Ich weiß nicht, was ich sagen soll. Menschen ändern sich nicht, üblicherweise, und Dieter schon gar nicht. Doch ich habe ihn erreicht. Ich habe ihn beeinflusst. Das rührt mich.

Ich spüre einen kleinen Anflug von Euphorie und Hoffnung, doch kaum, dass ich innerlich zu lächeln beginne, fühlt es sich an, als sauge einer dieser dunklen Kapuzenträger bei *Harry Potter* wieder alle Hoffnung aus mir heraus. «Bilde dir nichts ein, Philipp», raunt der Todesser in meinem Kopf, «du hast 187

unbeantwortete Mails im Posteingang und erst drei Blätter für
die Steuer eingeheftet. Nebenan sucht dein Kollege immer
noch eine Lösung für den Rechner von Frau Weiß, der seit
Monaten hier steht. Deine Teeküche könnte man selbst dann
nicht betreten, wenn kein Berg von Paketen davor stünde, und
deine Wand verschwindet gerade hinter dem Verschwörungs-
diagramm eines wahnhaften Dauergastes, der sich auf ewig
bei dir eingenistet hat. Du hast die Kontrolle verloren, Philipp.
Du hast die Kontrolle verloren.»

Ich versuche, die Stimme abzuschütteln und mich auf Dieter
zu konzentrieren. Er hat alles gemacht, was man als Anwender
selber tun kann, wenn das Netz weg ist.

«Ich habe jetzt wieder eine Verbindung mit der Fritz!Box,
aber keinen Zugriff aufs Netz», sagt Dieter. «Obwohl alles
richtig eingestellt ist.»

Was jetzt passieren muss, wird Dieter nicht gefallen. Es
gefällt niemandem und gehört zu den ärgerlichsten Dingen,
die man als Mensch der Moderne zu tun hat. Dieter muss die

Hotline seines Providers anrufen. Er seufzt schwer, als ich ihm das offenbare.

«Sag denen, dass du den Neustart der Fritz!Box bereits mehrfach ausgeführt und den Haken beim automatischen Beziehen der DNS-Adresse geprüft hast. Sag es so, als würdest du den ganzen Tag nichts anderes machen, damit sie sofort merken, dass du kein naiver Nutzer bist. Der Ball liegt jetzt bei denen. Bitte sie darum, deine Verbindung von ihrer Seite aus komplett zurückzusetzen. Wenn's nicht klappt, rufst du mich wieder an.»

«Das klingt so, als würden die das nur unter Schmerzen machen», sagt Dieter.

«Unter großen Schmerzen», bestätige ich. «Deswegen musst du den Macker raushängen lassen.»

DAS CALL-CENTER

Die schlimmste Erfindung der Menschheit ist nicht die Wasserstoffbombe, uranverseuchte Streumunition oder die Fernsehsendung *Der Bachelor*, sondern definitiv das Call-Center. Ein Ort der unterbezahlten, gestrandeten Seelen. Fundamentalistische Christen glauben, die Call-Center seien in Wirklichkeit gar keine Orte des Diesseits, sondern Filialen des Fegefeuers auf der Erde, Außenstellen der Vorhölle, in deren Arbeitswaben die armen Menschen festsitzen und sich vergeblich einreden, es sei «nur vorübergehend», bis sie «was Besseres» finden.

Call-Center unterteilen sich von ihrer Gattung her in die Tätigkeitsfelder Inbound und Outbound. Letzteres bedeutet, dass die Mitarbeiter von sich aus bei ahnungslosen Bürgerinnen und Bürgern anrufen, um ihnen Abonnements, Pauschalreisen oder Zahnzusatzversicherungen anzudrehen.

Outbound ist die Entsprechung zur Drückerkolonne an der Haustür oder zur Spam-Mail im Posteingang. Ein offenes, ehrliches Geschäft der Belästigung, bei dem der Angerufene sofort weiß, dass derjenige, der ihn da gerade zutextet, das nicht tut, weil er hinter dem Produkt stünde, sondern weil er ins Fegefeuer verbannt wurde.

Outbound ist nervig, doch kein Problem. Inbound hingegen ist nicht bloß das Fegefeuer, sondern direkt die Hölle auf Erden. Dort sitzen Menschen in von riesigen Firmen wie Internetprovidern, Softwarekonzernen oder Druckerherstellern bezahlten Großraumbüros und warten darauf, dass ein Nutzer anruft, der ein technisches Problem hat. Egal, wie dieses Problem aussieht, arbeiten diese Leute nun eine Liste von Maßnahmen und Gegenfragen ab, die neben ihnen auf dem Tisch liegt, wobei völlig egal ist, was der Anrufer ihnen erzählt und was er selber bereits getan hat. Bevor diese Liste nicht durchexerziert wurde, leiten sie keinen zweiten oder dritten Schritt ein.

Weigert sich der Anrufer, ihnen beim Abhaken der Liste zu helfen, stellen sie ihn allenfalls zähneknirschend «zu den Fachkollegen» durch. Spätestens an dieser Stelle wird der mündige Kunde hellhörig. Wenn der Mitarbeiter, den man gerade angerufen hat, einen nach Stunden mühseliger Debatten durchstellt, bedeutet das im Umkehrschluss, dass er selber vom Fach keinen blassen Schimmer hat. Und so ist es auch. Denn intern ist jedes Inbound-Callcenter noch mal unterteilt in den First Level Support und den Second Level Support. Nur auf der zweiten Ebene sitzen geschulte Mitarbeiter mit einem Hauch echter Fachqualifikation. Um zu ihnen durchzudringen, gilt es, den Schutzwall der First Unit zu durchbrechen, die im Grunde nur dazu dient, den vielen

Männern und wenigen Frauen der Second Unit das einfache Volk vom Hals zu halten.

Doch jetzt kommt's: Kann ein Mitarbeiter des Second Level Support das Kundenproblem ebenfalls nicht lösen, verbirgt sich im Inneren des Kaninchenbaus manchmal sogar noch ein Third Level Support. Diese Auserwählten sind die einzigen, die wirklich eine allumfassende Kenntnis der Materie haben. Sie sind das, was früher der mürrische, aber erfahrene Fernsehtechniker war, dessen winziges Ladengeschäft sich nach hinten raus in eine riesige Werkstatt öffnete, in welcher er noch das älteste Gerät zu reparieren vermochte.

Im Third Level Support sitzen die Nerds, die Geeks, die Kenner, die das beherrschen, was der naive Kunde irrerweise bereits von den armen Arbeiterbienen im First Level Support erwartet – sich im Rechner, im Drucker, im Programm oder im Router auszukennen wie in der eigenen Westentasche. Der Beweis dafür ist allein schon, dass diese Leute niemals in einem Call-Center, sondern tatsächlich in der Regel direkt bei der Firma sitzen. Der Third Level Support steht nach einem ausführlichen, echten Fachtelefonat tatsächlich vom Schreibtischstuhl in seinem vernünftigen Büro (keiner Wabe) auf und wirft beim gemütlichen Gang Richtung Kaffeemaschine aus dem Fenster einen Blick auf die Stadt, mit der die Firma oder wenigstens ihre örtliche Landesfiliale tief verwurzelt ist.

Zum Third Level Support überhaupt jemals durchgestellt zu werden, ist allerdings noch nie einem normalen Menschen nachweislich gelungen. Wie in den Romanen von Franz Kafka, in denen die obersten Beamten, die als einzige wissen, was eigentlich vor sich geht, unerreichbar bleiben und das Schloss trotz endloser Annäherung die ganze Zeit auf dem Hügel im Nebel liegt, bleibt der Weg zum Third Level Support dem Normalsterblichen, der früher einfach so zum alten Fernsehtechniker ins Dorf gehen konnte, heute und auf ewig verschlossen.

Dieter verspricht, es bei der Hotline seines Anbieters zu versuchen. Gleich, nachdem er Dennis' Schädel ins Altölfass getunkt hat. Ich ahne allerdings bereits, dass selbst ein Neustart der Verbindung auf Seiten des Providers nichts bringt. Ahne, dass ein ganz anderes Problem dahintersteckt, das ich gegenüber Dieter absichtlich noch nicht erwähnt habe. Denn wenn es stimmt, wird dieser Tag so mühsam und langwierig wie eine Besteigung des Nanga Parbat ohne Seil und Verpflegung.

Beate sucht, den Lappen in der Hand, nach irgendeiner Fläche, die frei genug wäre, um sie wischen zu können. Sie quetscht sich an mir vorbei und versucht es mit der Fensterbank. Von den drei Metern Marmor sind vielleicht zwanzig Zentimeter frei. Der Rest ist belegt mit Katalogen, Kabeln, Kaffeetassen und Papieren, die ich «demnächst» noch ihren jeweiligen Ordnern und Registern zuordnen werde. Seufzend hebt Beate einen der Stapel an. Er gerät ins Rutschen. Sie lässt den Lappen fallen, hält das Chaos mit der Hüfte auf, quetscht die Papiere wieder vor das Fenster und gibt kopfschüttelnd auf. Der Todesser in meinem Kopf raunt weiter: «Es war alles sinnlos. Dreizehn Jahre Schule. Drei Jahre Ausbildung. Hunderte von Stunden Zusatzqualifikation. Alles für die Katz. Du hast die Kontrolle verloren, Philipp. Du hast die Kontrolle verloren.»

An der Wand landet das nächste Blatt von Jonas' wahnsinnigem Verschwörungsmosaik. Ich springe auf und motze: «Jetzt hör endlich auf, hier die Scheißblätter an unsere Wand zu kleben!» Jonas legt überrascht die Ohren an. Diesen Tonfall kennt er von mir nicht. Im Hörer sagt Dieter, den ich schon fast vergessen hatte: «Ja, endlich! Gut, Philipp! So muss man mit seinen Angestellten reden!»

Ich zeige mit der freien Hand auf Jonas, als könnte Dieter es sehen: «Das ist ja das Schlimme! Dieser Verrückte ist kein Angestellter! Er ist nicht mal ein Kunde!»

Dieter sagt: «Ich sag dir gleich Bescheid, wie's gelaufen ist, okay?»

«Mach das.» Ich lege auf.

Beate packt den Putzlappen in den Eimer zurück und geht Richtung Bad. «Ich mache Schluss!», sagt sie.

«Okay, dann bis nächste Woche.»

«Nein, für immer. Das bringt doch nichts. Da könnte man noch eher versuchen, den Fußboden unter der Terrakottaarmee zu saugen. Da ist mehr Platz zum Manövrieren als hier.»

«Beate!», sage ich.

«Seht ihr nicht, was ich hier entdeckt habe?», haucht Jonas so empört wie pathetisch. «Wie alles mit allem zusammenhängt? Guckt doch!» Er zeigt auf seine Blätter an der Wand. «Die wollen Gesundheitsprofile, also erfinden sie Fitnessarmbänder. Die wollen Persönlichkeitsprofile, also erfinden sie soziale Netzwerke. Die wollen Einkaufsprofile, also erfinden sie den Internethandel. Die wollen Bewegungsprofile, also erfinden sie die Navigationssoftware … und Pokémon Go.»

Jonas' Augen funkeln.

Wulf flucht wegen Frau Weiß' Rechner.

Ich versuche, mein Büro mit den Augen von Beate zu betrachten. Es sieht aus wie der Bildschirm von Menschen, die niemals auch nur ein Icon vom Desktop löschen.

Das Telefon klingelt. Ich schaue aufs Display. Dieter. Ich gehe ran.

«Das ging ja schnell», sage ich.

«Sie machen keinen Neustart auf ihrer Seite», sagt Dieter. «Sie sagen, ich soll die Box vom Strom nehmen und neu starten.»

«Natürlich», seufze ich.

«Ich habe ihnen gesagt, dass ich das drei Mal gemacht habe. Und den Haken bei DNS geprüft.»

«Und?»

«Die sagen, ich soll die Box vom Strom nehmen und neu starten.»

Es ist wie immer. First Level Support. Die Liste muss abgehakt werden.

«Kannst du da nicht anrufen? Als Fachmann in meinem Auftrag. Vielleicht machen sie, was du sagst?»

Jonas beginnt, Beate die Verbindungen an der Wand zu erklären. Ich suche in meinem Rechner die Kundendatei von Dieter und schaue nach, ob er mir jemals eine Vollmacht erteilt hat, für ihn die Dinge mit seinem Provider zu regeln. Er hat. Wahrscheinlich ganz zu Anfang unserer Beziehung. Er wird es nicht mehr wissen.

«Ich rufe da an», sage ich Dieter.

«Vollidiot!», brüllt Dieter.

«Bitte?»

«Nicht du! Dennis.»

«Ah.»

«Ruf mich an, wenn du was rausgefunden hast.»

«Mach ich.»

Ich lege auf und atme tief ein.

Jonas sagt: «Uns wird weisgemacht, es gäbe sie nicht, die Männer, die die Welt beherrschen. Aber die gibt es! Es sind hundert oder vielleicht zweihundert. Hier, Sameer Samat. War längere Zeit Chef von Jawbone, die machen diese Fitnessarmbänder zum Datensammeln. Wo war er vorher? Bei Google. Wo ist er jetzt wieder hin zurück? Zu Google. Hosain Rahman, der CEO von Jawbone, ist der Sohn pakistanischer Einwanderer und war Berater für die Ölindustrie.»

Ich reibe mir die Schläfen, suche Dieters Kundendaten heraus und wähle die Servicenummer seines Internetproviders. First Level Unit, ich komme.

«Herzlich willkommen bei 1&1, mein Name ist Verena Hammerschmidt, was kann ich für Sie tun?»

«Ja, Frau Hammerschmidt, Philipp Spielbusch am Apparat von Philipp Spielbusch Computer, ich rufe an im Auftrag meines Kunden Dieter Wollscheid.»

Verena Hammerschmidt braucht eine Weile, um nachzuprüfen, dass ich für Dieter die Dinge regeln darf. Nachdem ich ihr das Problem geschildert habe, sagt sie in einem auswendig gelernten, leiernden Tonfall: «Bitte starten Sie die Fritz!Box erst mal neu. Dazu ziehen Sie den Stecker von …»

«Frau Hammerschmidt.»

«… der Stromversorgung und warten dann bitte fünf –»

«Frau Hammerschmidt!»

«– zehn Sekunden …»

«FRAU HAMMERSCHMIDT!!!»

«Ja?»

«Mal abgesehen davon, dass fünfzehn Sekunden zu wenig sind, reden Sie wie erwähnt mit einem IT-Fachmann und nicht mit dem Endkunden selber. Und ich kann Ihnen versichern: Alle Maßnahmen, die da neben Ihnen auf der Liste stehen, die Sie mit mir abarbeiten wollen, wurden längst durchgeführt.»

«Welche Liste? Ich berate Sie hier.»

«Frau Hammerschmidt. Bitte.»

Die arme Frau seufzt. Ich habe durchaus Mitleid mit ihr. Nichts könnte ihr egaler sein als Routerboxen, DNS-Adressen und Internettechnologie. Mit Sicherheit gibt es etwas in ihrem Leben, das sie liebt und worüber sie auf dem Niveau des Third Level Supports reden könnte. Kunstgeschichte. Pferdezucht. Motorräder. Was auch immer.

Sie sagt: «Sie haben den Neustart ausgeführt?»

«Ja. Mit dreißig Sekunden Pause.»

«Den automatischen Bezug der DNS-Adresse geprüft?»

«Ja.»

«Wie ist die Fritz!Box Ihres Kunden genau angeschlossen?»

Aha. Punkt 3 auf der Liste. Die Frage, ob der Router direkt in der Anschlussbuchse hängt oder womöglich noch irgendwelche alten DSL-Splitter zwischengeschaltet sind. Ich erkläre ihr, dass all das nicht zutrifft.

«Bitte, Frau Hammerschmidt, starten Sie doch einfach einmal Ihrerseits die Verbindung neu.»

Frau Hammerschmidt sagt: «Wir schicken jemanden vorbei.»

Ich bekomme Schnappatmung.

«Jemanden vorbeischicken» ist der nächste Punkt auf ihrer Liste. Sie hakt das Ding einfach weiter ab. Wie ein miserabler Journalist, der beim Interview nicht mal den Antworten seines Gesprächspartners zuhört, sondern auf sein Blatt starrt und einfach nur abwartet, bis er die nächste Frage stellen kann.

«Wen wollen Sie denn vorbeischicken?», frage ich. «Den nächstgelegenen örtlichen Servicepartner? Einen IT-Fachmann in Ihrem Auftrag? Hallo, hier ist einer am Telefon!»

«Sie arbeiten aber nicht für uns.»

«Nein, aber ich bin fähig, alle Fehlerquellen auszuschließen, die Sie hier erst mal mühsam abhaken wollen.»

«Herr Spielbusch, wir haben ein Protokoll.»

Okay. Gut.

Jetzt muss ich die schweren Geschütze auffahren. Beate hat sich derweil an den Glastisch gesetzt und lauscht aufmerksam Jonas' Erklärung der Weltverschwörung.

«Frau Hammerschmidt», sage ich, «wie Sie sicher in Ihrem System bemerken, habe ich vor unserem Gespräch der Aufzeichnung zu Testzwecken zugestimmt.»

«Ja.»

«So, und all Ihren Vorgesetzten, die das hier später abhören, sage ich hiermit: Wenn Sie nicht auf der Stelle auf Ihrer Seite einen Neustart vornehmen, rate ich meinem Kunden, noch heute den Anbieter zu wechseln.»

Frau Hammerschmidt schweigt einen Augenblick.

Jonas zieht Verbindungen.

Frau Hammerschmidt sagt: «Herr Spielbusch, wissen Sie, was wir jetzt machen? Wir starten mal von unserer Seite aus die Verbindung Ihres Kunden neu.»

«Das ist eine sehr gute Idee, Frau Hammerschmidt.»

«Wenn es nicht klappt, rufen Sie wieder an», sagt Frau Hammerschmidt.

«Versprochen», antworte ich und lege erleichtert auf.

Es klappt natürlich nicht. Wie ich es schon geahnt habe.

Nach meinem Anruf bei Dieter, ob er wieder Netz habe, klingele ich daher die Hotline erneut an.

«Herzlich willkommen bei 1&1, mein Name ist Olaf Altenbüttel, was kann ich für Sie tun?»

«Die Frau Hammerschmidt bitte.»

«Die, äh, ist im Gespräch. Sie sprechen mit Olaf Altenbüttel, was kann ich für Sie tun?»

Unsere Lebenszeit, denke ich, sie ist so begrenzt.

«Ich habe das Problem vorhin mit Frau Hammerschmidt begonnen, also sparen wir uns doch, von vorne anzufangen», sage ich, natürlich wissend, dass es vollkommen zwecklos ist.

«Sagen Sie mir mal die Kundennummer.»

Ich sage die Kundennummer.

Olaf Altenbüttel tippt und bemerkt: «Unter dieser Nummer ist hier kein Spielbusch, sondern ein Wollscheid verzeichnet.»

«Ich bin sein IT-Berater und habe eine Vollmacht. Schauen Sie nach.»

Olaf Altenbüttel schaut nach. Noch mehr Lebenszeit rinnt dahin. Ob es Gotteslästerung ist, dieses kostbare Gut so zu verschwenden?

«Ah, okay. Das Verbindungsproblem. Herr Spielbusch, Sie machen jetzt Folgendes: Bitte starten Sie die Fritz!Box erst mal neu. Dazu ziehen Sie den Stecker von …»

«NEIN!»

«Wie bitte?»

«Nein, nein, nein, nein.»

«Herr Spiel–»

«Ich ziehe keinen Stecker, ich prüfe keinen DNS-Adressenbezug, es gibt keinen alten Splitter oder falsche Verkabelung und es kommt auch kein Mitarbeiter in Ihrem Auftrag. Frau Hammerschmidt hat bereits einen Neustart auf Ihrer Seite gemacht, der ebenfalls nichts gebracht hat. Die Liste ist durch, abgehakt, fertig. So, was sagt Ihnen das jetzt, woran es liegt, dass mein Kunde kein Netz hat?»

Dieter wäre stolz auf mich, wie ich gerade schimpfe.

Jonas und Beate sehen mich mit einer Mischung aus Bewunderung und Vorwurf an.

«Ich, äh …»

«Herr Altenbüttel. Ich denke, es handelt sich hier um den

seltenen, aber möglichen Fall eines Fehlers im örtlichen Verteilerhaus. Bitte leiten Sie eine Prüfung in die Wege.»

«Aber …»

«Kein Aber mehr. Entweder Prüfung oder der Kunde ist weg. Ich wechsle noch heute mit ihm den Anbieter. Und der Mann hört auf mich.»

Olaf Altenbüttel sagt: «Sie sind ein böser Mann.»

«Danke», sage ich. «Melden Sie sich, wenn Sie was haben.»

DAS VERTEILERHAUS

Das Netz ist keine Wolke. Das Internet ist real, physisch, anfassbar. Es besteht aus monströsen, in der Tiefsee verlegten Unterseekabeln, die Kontinente miteinander verbinden. Aus Rechenzentren und Internet-Exchange-Points, unauffälligen Gebäuden von der Größe und der Optik einer Einkaufshalle ohne äußere Beschriftung, in denen die verschiedenen Router der Internetfirmen miteinander verbunden werden. Die bedeutsamsten Knotenpunkte und Datenfarmen der Welt lassen sich auf ein paar Dutzend Adressen reduzieren. Koordiniert, programmiert und gepflegt wird das gesamte weltweite Netz, mit dem nahezu alle der sieben Milliarden Erdenbewohner verbunden sind, von wenigen hundert Menschen. Sie sind nicht einmal der Third Level Support, sie sind der Kern, das Schloss selbst, die Türhüter. Eine kleine Elite, die tatsächlich existiert und für die es keiner Verschwörungstheorie bedarf. Würden diese paar hundert Menschen auf einen Schlag versterben oder würden auch nur ein paar von ihnen an drei, vier entscheidenden Knotenpunkten einfach die richtigen Kabel ziehen, bräche das Internet von jetzt auf gleich zusammen.

Der Journalist Andrew Blum hat das in seinem Buch *Kabel-*

salat (im Original: «Tubes: A Journey to the Center of the Internet») genial beschrieben. Sollten Sie in Ihrem ganzen Leben neben diesem unterhaltsamen Werk in Ihrer Hand nur noch ein einziges weiteres Buch zum Thema Internet & IT lesen, wählen Sie Andrew Blums Recherche-Meisterwerk. Die physische Wirklichkeit des Internets vor Ort zeigt sich in jedem Dorf und jedem Stadtteil in Form kleiner Verteilerhäuser. In ihnen laufen die Verbindungen zusammen, die das nächstgelegene Viertel versorgen. Bricht das Netz in einem Haushalt zusammen, obwohl sämtliche anderen Fehlerquellen bereits ausgeschlossen wurden, ist es möglich, dass genau das eine spezifische Modul in diesem Verteilerhaus, welches diesen Haushalt ansteuert, einen Defekt hat. Verantwortlich für das Prüfen und Austauschen dieser Hardware sind bis heute Techniker der Deutschen Telekom, ganz egal, welcher Provider die Daten durch die Kabel und Röhren schickt. Muss nun ein privater Provider von einem Techniker der Telekom die Module im Verteilerhaus prüfen lassen, verursacht das auf Seiten des Providers Mehrkosten. Daher sind die Mitarbeiter in den Call-Centern angewiesen, diese Form der Prüfung vor Ort wirklich nur als allerletzte Notfallmaßnahme in die Wege zu leiten. Sie müssen sich sicher sein, dass sie keinen teuren Techniker der immer noch gefühlt staatlichen Konkurrenz losschicken, wenn vielleicht doch etwas beim Kunden im Argen liegt.

Ich lege das Telefon ab.

Jonas sagt: «Die haben also unsere Gesundheitsdaten, unsere Persönlichkeitsprofile, unsere Einkaufsprofile und unsere Bewegungsmuster. Was brauchen Sie jetzt noch? Richtig, die volle Kontrolle über unsere Finanzen. Und worüber reden sie deshalb seit Monaten? Darüber, dass Bargeld doch eigentlich ganz doof und unpraktisch sei und nur den Verbrechern helfe.»

Ich lege den Kopf in die Handflächen. Beate nickt.

Das Telefon klingelt schon wieder.

«Ja? Spielbusch?»

«Guten Tag, Herr Spielbusch, Elena Kraft hier vom Finanzamt Beckum. Wie geht es Ihnen?»

Mir scheint die Sonne aus dem Allerwertesten, denke ich. Das Leben ist leicht wie aufgeschäumte Champagnercreme.

Ich sage: «Gut.»

«Ich wollte Sie daran erinnern, dass es mit dem Jahresabschluss von 2015 nun wirklich Zeit wird. Ich weiß, Sie haben Fristverlängerung, aber die läuft kommende Woche auch schon ab. Wir haben Verständnis für den Stress und die Anforderungen, die erfolgreiche selbständige Dienstleister wie Sie zu stemmen haben. Das ist uns natürlich lieber als Menschen, die Zeit hätten, ihre Papiere zu machen, aber keine Einnahmen, die sie in die Papiere reinschreiben könnten.»

Frau Kraft lacht.

Ich schaue rüber zu meinem Ordner. Drei Blätter. Drei Blätter in drei Wochen.

«Ich bin ja kulant, Herr Spielbusch. Sagen wir: In vierzehn Tagen darf ich mit der Steuererklärung rechnen?»

Drei Blätter, denke ich. Und den ganzen Schreibtisch voller Aufträge.

«Ja, okay», sage ich. «In vierzehn Tagen.»

«Gut.»

Wir legen auf.

Jonas sagt: «Intern haben sie das Bargeldverbot in Brüssel

längst beschlossen. RFID-Chips sind schon überall im Einsatz. ‹Bezahlen Sie jetzt mit dem Handy!› steht an der Kasse bei jedem Discounter. Sie machen Werbung für Funktionskleidung mit eingenähten Chips.»

Ich spüre, wie mein Magen rebelliert.

Alles zu viel.

Ich muss die Steuer machen.

Ich muss Kundenwünsche abarbeiten.

Ich muss Fläche schaffen, damit Beate putzen kann.

Zu Hause bei der Familie bin ich jeden Tag später, weil man hier zu nichts kommt.

Ich brauche einen Plan, einen Ablauf, irgendwelche klaren Gedanken. Ich brauche eine Liste, wie die im Call-Center.

Mein Handy klingelt. Ich gehe ran, wie im Reflex. Planung vorbei.

Es ist Mutter.

«Ich brauche das kleine Adressbuch», sagt sie.

Kein Hallo. Kein umständliches Fragen nach dem werten Befinden. Muss sie ja auch nicht, sie ist schließlich meine Mutter und keine Mitarbeiterin des Finanzamts.

«Was für ein Adressbuch?», frage ich.

«Das kleine rote. Das ich geführt habe, bis du mir gesagt hast, ich soll alle Adressen im Computer speichern.»

Ich erinnere mich. Tatsächlich hat es sich etwas anders zugetragen.

Vor zwei Jahren stand Mutter hier im Büro, wedelte mit dem besagten Büchlein und sagte: «So, Philipp. Sogar die Margot und der Horst haben alle ihre Kontakte jetzt im Computer drin und ich laufe immer noch mit diesem ollen Schinken hier durch die Gegend. Das muss sich ändern!»

Ich habe ihr dann versprochen, jeden Tag nach Feierabend

ein paar der Daten in ein digitales Adressbuch zu übertragen. Sie fragte, ob das Programm sie dann auch an die Geburtstage der Leute erinnern würde. Ich sagte, das wäre bestimmt einzurichten, wenn im Notizbuch die Geburtstage stünden, was nicht der Fall war. Sie versprach, die Daten nachzuliefern. Dann schlief die Sache ein.

«Du hast mir das rote Buch nie zurückgegeben.»

«Weil du mir noch die Geburtstage geben wolltest. Außerdem habe nicht ich dich dazu überredet, das alles zu digitalisieren, sondern Margot und Horst.»

«Es ist erstaunlich, wie Söhne sich erinnern», sagt meine Mutter.

Ich seufze.

«Es liegt in eurer Teeküche», sagt meine Mutter. «Das kleine rote Buch. Als ich das letzte Mal bei euch war, hast du es dort in die Schublade getan.»

Ich schaue auf die Tür der Teeküche, verborgen hinter einem Turm aus Paketen für Nachbarn, die wir nicht kennen.

«Wieso ist das jetzt so wichtig?», frage ich.

«Weil die Heidelinde verstorben ist.»

«Wer?»

«Die Cousine vom Horst. Und wir brauchen jetzt diese ganzen Adressen für die Trauerpost.»

«Hat Horst die nicht selber?»

«Nee, das ist alles weg, seitdem der Computer kaputtgegangen ist. Ich sage doch, wir hätten nie auf diese neumodische Idee von dir hören sollen.»

Ich greife nach ein paar Blättern auf dem Schreibtisch, knülle sie zusammen und beiße in das Knäuel. Jonas und Beate schauen zu mir rüber. Das Papier saugt sich mit Speichel voll und beginnt, süßliche Geschmacksstoffe abzugeben.

«Jedenfalls muss diese Post raus.»

Ich denke an die Steuer. Ich denke an die Kunden. Womöglich habe ich gerade einen Auftrag gegessen.

Ich nehme den Papierklumpen aus dem Mund, werfe ihn in den Mülleimer und sage: «Ich gucke.»

Mutter sagt: «Aber gucke bitte nicht zu lange», und legt auf.

Der Todesser steht wieder neben mir und saugt mir Energie aus der Flanke. Ich wuchte mich auf, gehe zur Teeküchentür und beginne, die Pakete des Griechen zur Seite zu wuchten.

«Hey, was machst du?», fragt Jonas.

Ich ächze und schiebe. Der Turm fällt um. Ich trete die Pakete zur Seite und drücke die Klinke.

«Philipp, tu's nicht!», kreischt Beate.

«Wulf, komm schnell», ruft Jonas, «Philipp flippt aus.»

«Ich möchte lediglich meine eigene Teeküche betreten, verflucht noch mal!»

Ich drücke die Tür auf. Sie blockiert nach wenigen Zentimetern. Knirschend, knackend und kratzend schiebt sich alles, was hinter der Tür ist, unter dem Druck meiner Wut zusammen. Es klingt, als würde man mit der Müllpresse einen Baum zerdrücken und zugleich tausende winziger Hähnchenknochen brechen.

Jonas ruft: «Wulf!»

Wulf ruft: «Er muss wissen, was er tut.»

Ich betrete die Teeküche und stehe fassungslos vor dem Unsagbaren. Der Todesser triumphiert. «Du hast die Kontrolle verloren», spottet er, «du hast die Kontrolle verloren.»

Jonas zuckt draußen vor der Tür die Schultern, wendet sich wieder meiner Bürowand zu, die er vollkommen zugeklebt hat, und sagt: «Sie planen diese neue Weltordnung seit dem Zweiten Weltkrieg, und zwar bei ihren Bilderberg-

Konferenzen. Das erste Treffen fand 1942 statt, und zwar auf Initiative von Józef Retinger. Der war damals Generalsekretär der Economic League for European Cooperation, der Keimzelle der Bewegung für ein gigantisches, zentralisiertes Europa. Und jetzt rate, wer dieses Gebilde von Anfang gefördert hat? Die CIA!»

Meine Ohren sausen.

Mein Magen fühlt sich an, als müsse er versuchen, eine Mischung aus alten Nägeln und Spinnenleichen zu verdauen.

Ich blicke noch einmal in das, was eigentlich eine Teeküche sein sollte, trete wieder hinaus und brülle: «Alle raus! Einfach alle raus hier!!!»

Jonas und Beate zucken zusammen. Wulf erscheint im Türrahmen.

«Was ist? Ich meine das todernst!»

Wulf sagt: «Auch ich?»

Ich schimpfe: «Du hast frei. Beate auch. Und du …»

Jonas hebt die Hände.

«Du verlässt unser Büro mit deinem freiwillig runtergestuften Rechner und deinem Bundestrojaner und deiner Paranoia und suchst dir ein Leben, damit die Erwachsenen endlich wieder anständig ihrem Beruf nachgehen können!»

«Philipp …», versucht Wulf zu beschwichtigen.

«Nix Philipp! Es hat sich ausgephilippt! Versuch nicht, mich zu philippen, Wulf!»

Mein bester Freund und Kollege hebt nun seinerseits die Hände, zuckt mit den Schultern, schnappt sich seine Tasche und sagt: «Gut, dann eben Feierabend. Bis Montag.»

Mit einem Blick zwischen «Zu viel» und «Eigentlich war's überfällig» verlässt er das Büro.

Beate zeigt auf den Eimer: «Soll ich noch?»

«Nein!», motze ich. «Der Eimer bleibt stehen, die Blätter bleiben hängen. Einfach nur raus!»

Beate sagt: «Ist ja gut. Meine Herren.»

Sie verschwindet im Flur.

Nur Jonas steht noch da, mit hängenden Schultern.

«Aber es hat doch Hand und Fuß …»

Schweigend sehe ich ihn an.

Atme nur. Blinzle nicht.

Er schluckt.

Dann klappt er seinen Rechner zusammen, wirft einen letzten Blick auf seine Verschwörungswand und geht.

Ich warte noch einen Augenblick und schaue aus dem Werkstattfenster, bis Wulf mit seinem Wagen, Beate mit ihrem Fahrrad und Jonas zu Fuß in alle Himmelsrichtungen verschwunden sind. Dann kehre ich in den Empfangsraum zurück und stehe genau im Auge des Chaos. Links von mir die Theke mit meinem Schreibtisch dahinter, drei Blätter im Steuerordner. Vor mir die offene Tür zum Unfassbaren. Rechts eine vollverklebte Wand der Weltherrschaft. Auf dem Fußboden wie ein Trümmerfeld die Pakete der Nachbarn.

Anfangen müsste ich mit allem gleichzeitig.

Ich schaue mich um, nehme meine Jacke vom Ständer, verlasse das Büro und fahre in den Wald.

Am Montagmorgen schleppe ich mich die Stufen unseres schmucklosen Treppenhauses hinauf. Ich habe nichts aufgeholt am Wochenende. Keine Steuerpapiere gemacht. Kein Chaos aufgeräumt. Kein rotes Notizbuch gesucht. Die Hoffnung, jemals wieder auf den Stand der Dinge zu gelangen und ihn dann sogar zu halten, ist verflogen. Im Wald habe ich mir erfolgreich eingeredet, dass in aller Ruhe zum richtigen Zeitpunkt das Richtige zu bewirken allein der Natur, aber sicher keinem Menschen möglich ist.

Müde stecke ich den Schlüssel in die Tür zum Büro, mache auf, gehe geradeaus zum Kleiderständer und hänge die Jacke auf. Moment mal? Geradeaus zum Kleiderständer? Ich drehe mich um und betrachte die kurze Strecke, die ich gegangen bin. Wo sind die Pakete geblieben, die ich am Freitag einfach hatte liegen lassen wie Findlinge am Strand? Und was ist das? An der Wand, wo vor zwei Tagen noch die Gesamtstruktur der großen Weltverschwörung prangte, hängen jetzt nur noch beziehungsweise wieder die Erzeugnisse reinster menschlicher Vernunft: Werbung für Windows 10 und externe USB-Festplatten mit drei Terabyte Fassungsvermögen.

Regungslos stehe ich vor meiner Theke. Meine Füße machen keinen Schritt, doch mein Kopf scannt weiter die Umgebung ab wie eine Marktplatzkamera in London. Neben dem Vollautomaten stehen die Tassen in Reih und Glied. Zucker und Milch sind frisch gefüllt, ebenso das Glas mit Haribo auf der Theke. Der Glastisch ist so gut geputzt, als existiere seine Platte gar nicht. Die Fensterbänke sind leer. Volle drei Meter reine Schönheit aus Marmor.

Behutsam setzen sich meine Füße nun doch in Bewegung. Ich mache zwei Schritte und beuge mich über die Theke. Mein Schreibtisch ist weiterhin voll, doch die Papiere und Dinge darauf bilden kein wildes Unterholz mehr, sondern lauter auf Kante geschobene, verschieden hohe Stapel. Eine unfassbare Ahnung erfüllt mich. Eine Wahnvorstellung. Eine fixe Idee, unwahrscheinlicher als Jonas' Verschwörungstheorien. Ich drehe mich um die eigene Achse und gehe zur Tür der Teeküche. Es fühlt sich an, als läge ich noch im Bett und würde das alles bloß träumen. Als stünde ich wie Super Mario vor einer dieser großen Röhren, durch die es hinab in eine Bonushöhle voller Goldstücke geht.

Ich drücke die Klinke. Die Tür öffnet sich. Zu einem Viertel. Zur Hälfte. Ganz.

Ohne Knacken, Knirschen, Kratzen und Widerstand.

Mein Blick verliert das Gleichgewicht, weil er es nicht gewohnt ist, in diesem Zimmer so weit zu reichen. Wo er Freitag noch nach wenigen Zentimetern aufgehalten wurde, wandert er heute weiter … auf eine freie Spüle, einen freien Kühlschrank mit Mikrowelle, zwei Stühle links und rechts eines freien Tischs am Fenster. Sogar auf dem Vorratsschrank steht nichts herum. Der Boden unter der Dachschräge fasst zwei Kästen Wasser, einen Kasten Cola und einen Kasten verschiedener Säfte. Sie wurden so gestellt, dass ihre Kanten bündig schließen. Auf dem Küchentisch steht eine Schale mit Keksen auf einem kleinen Stickdeckchen. Daneben liegt das rote Adressbuch meiner Mutter.

«Na, gefällt's dir?»

Ich zucke zusammen und fahre herum.

Jonas. Schüchtern grinsend steht er hinter mir im Türrahmen.

«Ich soll dir von Wulf ausrichten, dass es bei ihm heute etwas später wird. Er hat gestern Nacht noch zwei Stunden mit einem Experten in Kalifornien telefoniert, um eine Lösung für den Computer von Frau Weiß zu finden. Wenn's bei uns drei ist, ist's bei denen sechs Uhr abends, verstehst du?»

Ich schaue an Jonas auf und ab, diesem hageren, muskelfreien, irrsinnigen Jungen in viel zu enger Jeans, Kapuzenpullover und grünen Chucks.

«Wie hast du …?»

«Wie ich es geschafft habe, aufzuräumen? 30 Stunden Arbeit am Stück. Eiserner Wille. Zwei Rollen 120-Liter-Müllsäcke. Ach ja, die stehen noch unten im Hof, ich habe ja kein Auto.»

«Nein, ich meinte … wie bist du überhaupt hier am Wochenende reingekommen?»

Jonas zieht einen klimpernden Bund aus der Hosentasche. «Ich habe mir natürlich schon längst euren Schlüssel nachmachen lassen. Ihr lasst doch immer alles rumliegen.»

Ich schnaufe.

Jonas lacht: «War'n Scherz. Nachdem du uns Freitag rausgejagt hast, sind wir alle drei abends noch zu Luigi gegangen. Die Beate, der Wulf und ich. Beate wollte mir erst helfen bei allem, aber ich habe gesagt: Das muss ich alleine schaffen. Als Wiedergutmachung für die Nerven, die ich bei Philipp zerstört habe. Der Schlüssel ist von Wulf.»

Ich weiß nicht, was ich sagen soll.

Mein Verstand fährt Achterbahn.

Meine Augen, mein Herz und mein Bauch allerdings fühlen sich beim Anblick dieses picobello auf Werkseinstellung gebrachten Büros wie ein Kind, das als Erstes morgens das Phantasialand betreten darf. Oder eben: Wie ein Mann, der einen Beruf ausübt, den er liebt.

Das Telefon klingelt.

Ich stehe starr.

«Na, geh ran, Chef», sagt Jonas.

Ich greife über die Theke zum Hörer.

«Philipp Spielbusch Computer, Spielbusch am Apparat, was kann ich für Sie tun?»

«Das Netz ist wieder da!»

Dieter. Er frohlockt. Soweit das mit seiner raubeinigen Automechanikerstimme möglich ist.

«Du bist ein Zauberer, Philipp! Ein Zauberer!»

Ich lächele skeptisch. Die Sonne fällt durch die Scheiben. Da ist keine Ecke mehr in meiner Firma, die Unterschlupf für einen Todesser böte. Mein Lächeln wird zum Grinsen.

Ich sage: «Ja, Dieter. Ich habe eben alles unter Kontrolle.»

«Schick mir die Rechnung», sagt Dieter und etwas lauter, aber völlig ohne Brüllerei in Richtung Hebebühne: «Dennis, mein Guter. Wem gehören diese Räder, na?»

Ich lache.

Jonas macht Kaffee.

PHOTOSHOP

Es ist Vormittag und ich, Philipp Spielbusch, der Mann, der alles unter Kontrolle hat, fährt durch die Streusiedlungen des Münsterlands, deren sonnengebräunte Weizenfelder aussehen wie ein appetitlicher Werbespot für Golden Toast. Frau Dammeier hat angerufen, unsere am weitesten draußen lebende Kundin. Ich liebe diese ausschweifenden Fahrten. Vor allem jetzt, wo sich das Leben nicht länger wie ein zweckloses, nicht enden wollendes Aufholen anfühlt. Die Steuer hat Jonas bei seiner großen Aufräumaktion zwar nicht für mich gemacht, aber in dem geretteten Büro gelang es mir selber. 30 Stunden Arbeit am Stück. Eiserner Wille. Ich habe sie persönlich bei Frau Kraft im Finanzamt vorbeigebracht.

Der Fahrtwind rauscht durch den Fensterspalt. Die Lautsprecher beben von der aufgedrehten Musik. Jonas hat mir zum Geburtstag eine CD zusammengemischt, auf der jedes Lied einen Bezug zu meinem Beruf hat. Auf dem selbst gestalteten Cover fliegen schrille Noten aus einem Monitor. In jedem Lied kommt «was mit Computern» vor, freute sich Jonas über seine putzige Suche nach Stücken. Gerade eben lief «Computer Love» von Kraftwerk, das ist natürlich ein Klassiker, aber nun drehe ich leiser, als der deutsche Gangster-Rapper Fler seine aggressiven Zeilen aus den Boxen spuckt. «Alles Fake, alles Lüge, alles Photoshop!», blafft er mich an, deswegen ist das Stück da drauf. Und weil Jonas mich wahrscheinlich aufziehen wollte, denn er weiß, dass ich Rap ungefähr so mag wie kalt gewordene Hühnerleber zwischen Pommes frites vom Vortag.

Ich muss dennoch grinsen. Auf dem Beifahrersitz liegt das Päckchen für meine Kundin. Die neueste Version von Photoshop. Frau Dammeier möchte, dass ich ihr das Programm installiere, damit sie «endlich mal vernünftig was mit den Fotos machen kann». Sie hat es mich auch bestellen lassen, statt es bei Amazon zu ordern. Der Rundumservice. «Computer bedienen ist was für die Nutzer», sagt sie, «Computer einrichten nicht. Sonst hieße der Nutzer ja Einrichter.»

Nach einer halben Stunde Fahrt haben die Häuser am Straßenrand längst Feldern Platz gemacht. Nur noch gelegentlich erhebt sich ein weißer Neubau auf einer Wiese, wie ein Kubus aus dem All. Die Menschen, die von den Großstädten aufs Land ziehen, bauen hier gerne so. Als wollten sie kastenförmige kalifornische Villen aus dem Laurel Canyon ins westfälische Flachland übertragen. Großes Gelände dazu, lange Zuwege zur Straße, schicke Briefkästen aus Chrom.

Als ich von der Hauptstraße abbiege, ist allerdings mit den Grundstücken der Zugezogenen Schluss. Nun folgen ausschließlich alte Höfe mit Silos, gezimmerte Hütten, Hochstände für die Jäger. Abseits der Hauptverkehrsadern, die selber schon weiten Abstand voneinander halten und im Zweifel immer einem Stück Forst oder einem ausufernden Acker Platz machen, beginnt die Welt der Bauernschaften und Ur-Dörfer. Die Orte haben keine echten Schilder mehr und keine erkennbaren Grenzen. Wo genau ein Gebiet, dessen Namen mit gelber Schrift auf kleinem grünen Schild verzeichnet ist, genau beginnt und wo es endet, wissen nur die alten Landwirte, und die sprechen kaum.

Unendliche Landstriche bilden ein Nirgendwo aus Wirtschaftswegen, Waldstücken und Weltabgeschiedenheit, bei dem man sich gut vorstellen kann, seine Bewohner wären nicht mal irgendwo offiziell verzeichnet. Und käme ein schüchterner, vom Amt gesendeter Neuling mit einem Klemmbrett und ein paar Meldeformularen aus dem Unterholz, würden die Farmer erst schießen und dann fragen.

Frau Dammeier bewohnt ein altes Anwesen am Waldrand etwas abseits der Straße. Ein holpriger, breiter Schotterweg führt von der asphaltierten Strecke zum kleinen Vorplatz. Es wirkt so, als hätte das Haus ursprünglich direkt an der Straße gestanden, doch ein Riese wäre vorbeigekommen, hätte sich gebückt, die Hände links und rechts angelegt und es einmal kraftvoll bis in den Anfang des Waldes hineingeschoben. Die alte Telefonleitung tief unter dem Weg wird die Deutsche Telekom nächstes Jahr abschalten. «Ich nutze sowieso nur noch das Handy», sagt Frau Dammeier. Ihr Internet empfängt sie aus der Luft. Bis vor kurzem per UMTS, vor einigen Wochen habe ich ihr eine LTE-Box installiert.

UMTS, LTE UND GLASFASER

Universal Mobile Telecommunications System (UMTS) und Long Term Evolution (LTE) sind die derzeit üblichen Mobilfunkstandards, über die ein schneller Internet-Empfang auch in abgeschiedenen Regionen möglich ist. Zu diesem Zwecke richtet man dem Kunden einen speziellen Router ein, der seine Signale über seine kleinen, schwarzen Antennen empfängt. Als die praktische Verwendung von UMTS rund um das Jahr 2004 langsam anlief, (die Lizenzen für die Nutzung der Frequenz wurden bereits im Sommer 2000 für 98,8 Milliarden von der Bundesnetzagentur versteigert, was den damaligen Finanzminister Hans Eichel die Abkürzung UMTS in «Unerwartete Mehreinnahmen zur Tilgung von Staatsschulden» umdichten ließ) betrug die maximale Datenrate 0,384 Mbit pro Sekunde. Das war damals deutlich schneller als die Mobilfunkstandards der ersten und zweiten Generation, also des GSM-Standards (EDGE oder GPRS) sowie des Standards 2G, benannt eben nach der Tatsache, dass er die zweite Generation von Datenübertragung durch die Luft darstellte. UMTS nennt man daher auch 3G. Sein Tempo steigerte sich schnell auf bis zu 42 Mbit pro Sekunde. 2010 kam mit LTE, also 4G (der vierten Generation) ein Standard auf den Markt, der mit 50 bis 100 Mbit pro Sekunde startete. Heute liegen die flottesten Verbindungen je nach verwendeter Hardware und Region bei 300 Mbit pro Sekunde.

Das ist auch ein Grund dafür, wieso viele der Kunden im ländlichen Raum den Ausbau des Glasfasernetzes nicht mitmachen. Diese klassische Form der Anbindung ans schnelle, moderne Netz, bei dem die Daten durch frisch verlegte unterirdische Kabel in die Häuser gelangen, wird zurzeit besonders von kleinen Gemeinden als große Aktion betrieben. Da der Ausbau eines ganzen Ortes mit Glasfaser kein finanzieller Pappenstiel ist, müssen die Firmen halbwegs sicher sein, dass sie ihre fünf bis zehn Millionen Euro, die sie in die Infrastruktur investieren, eines Tages auch wieder einspielen. Daher fängt die jeweilige Firma mit der Verlegung der Kabel nicht an, bevor ein gewisser Prozentsatz der Bevölkerung sich schon vorher per Vertrag an den neuen Anbieter gebunden hat. Das macht viele Eigentümer und Hausbesitzer misstrauisch.

Ein Grund, weswegen viele Kunden den Umstieg ablehnen, lautet: «Es wird nicht lange dauern, dann ist das Netz aus der Luft genauso schnell wie das aus dem Boden!» Das ist zwar möglich, aber nicht sicher. Denn es gilt für das große Netz das Gleiche wie für das kleine im Haushalt: Im Zweifel ist ein Kabel immer schneller als die Luft. Oder haben Sie noch nie die Erfahrung gemacht, dass Ihr Router die Daten (zum Beispiel beim Streamen von Filmen) zügiger in den Computer oder die PlayStation schaufelt, wenn ein Netzwerkkabel angeschlossen ist, als wenn sie per WLAN durchs Haus fliegen? Für die Einschätzung, dass Daten aus der Luft bald noch viel schneller werden, spricht wiederum die Forschung, die seit Jahren für die fünfte Generation (5G) betrieben werden. Dieser Standard soll nicht «bloß» die üblichen Daten wie Audio und Video sauber und schnell transportieren, sondern die Grundlage für das universelle Netz zur Kommunikation von Geräten untereinander schaffen. Die Infrastruktur für das berühmte «Internet der Dinge», in dem der Kühlschrank die Einkaufsliste mit den fehlenden Sachen direkt an die Konsole des Pkws sendet, mit dem der Mensch per Autopilot zum Supermarkt gefahren wird, während ihm seine Fitnessuhr empfiehlt, mehr Joghurt und weniger Schokolade zu kaufen.

Der grobe Kies knirscht kräftig unter meinen Reifen, als ich vorfahre. Frau Dammeier öffnet die Tür. Sie hat mich kommen hören. Es ist schon 11 Uhr 25, und doch habe ich heute noch keinen Kaffee getrunken. Das muss man unterlassen, wenn man Frau Dammeier besucht, denn der Kaffee, den man bei ihr serviert bekommt, ist so stark, dass sich seine Wirkung auf der Zeitschiene nicht nur auf Tage in die Zukunft, sondern sogar auch ein Stück in die Vergangenheit erstreckt. Er ist so stark, dass seine Wirkung bereits eingesetzt hat, als ich auf den Schotterweg eingebogen bin. Albert Einstein könnte diese Koffeinzeitkrümmung besser erklären. Leute auf dem Land brauen eben eine stärkere Bohne.

Je älter die Herrschaften sind, desto heftiger wird es noch mal oben drauf. Jeder Dienstleister, der Kunden besucht, kann das bestätigen, ob nun Heizungsinstallateur, Versicherungsagent oder IT-Experte. Oder, wie der Volksmund diese Berufe nennt: Heizungshannes, Versicherungsheini oder Computerfritze. Am anderen Ende des Extrems finden sich junge Menschen in Metropolen, in deren Vanilla Strawberry Cinnamon Double Sugar Latte sich nur noch Spuren von Kaffee finden lassen. Wulf hat das im Büro auf dem Flipchart neben den am häufigsten geäußerten Sätzen unserer Kunden mal in einer schlichten Formel formuliert:

$$\begin{bmatrix} \text{Alter des Kunden} \\ \text{in Jahren} \end{bmatrix} + \frac{100}{\begin{bmatrix} \text{Einwohnerdichte pro km}^2 \\ \text{in absoluten Zahlen} \end{bmatrix}} = \text{Kaffeestärke}$$

Da der Kaffee stärker wird, je weniger Menschen in einer Region wohnen, ist die Division nötig. Das Ergebnis kann dabei locker zwischen mickrigen Kaffeestärken wie 0,59 KS für einen 23-jährigen Berliner und 17,2 KS für eine 75-jährige Rentnerin aus Ahlen schwanken.

Neben dem Konsum von Kaffee, den man genauso gut als Sprengstoff verwenden könnte, muss ich mich bei Frau Dammeier stets auf ungewöhnliche Gebräuche einstellen. Bei meinem ersten Besuch vor zwei Jahren rupfte sie gerade ein Huhn in ihrer dunkelbraunen Bauernküche. Sie schlachtet die Tiere auch selber. Munter begrüßte sie mich, indem sie mir den Unterarm statt der Hand zum Schütteln hinhielt, überlegte dann einen Augenblick und beschloss, mich zum Mitrupfen einzuladen, bevor ich in ihrem Büro mit dem Arbeiten begänne.

«Ein junger Mann muss in seinem Leben die Kraft der Natur gespürt haben», meinte sie, unsereins wisse ja gar nicht, was er da esse, wenn er bei McDonald's diese panierten Hühnchenstücke bestelle. Sie würde die Zeit auch mitbezahlen, in der ich ihr in der Küche helfe.

Also rupfte ich und esse seitdem beim Amerikaner nur noch den Filet-O-Fish, froh darum, dass Frau Dammeier nicht auch noch angelt und mit mir Fische ausnehmen will. Wulf kann sich natürlich kein einziges Mal, wenn ich zu ihr fahre, die Bemerkung verkneifen, die alte Dame hätte sicher noch ein Hühnchen mit mir zu rupfen.

«Der schönste Techniker Westfalens!», begrüßt sie mich, fasst mich an den Schultern und gibt mir zwei Küsschen auf die Wangen. Das ist neu. Ihre Stimme tönt so tief und knorrig, als sprächen die Eichen des Mischwalds gleich mit. Läse diese Frau ein Hörbuch ein, würde man glauben, abwechselnd Katharina Thalbach und Nina Hagen zu lauschen.

«Der Kaffee ist schon fertig», sagt sie, als wir durch den Flur und das Kaminwohnzimmer mit den uralten Holzdielen zu ihrem Büro schreiten. Ihr Haus beweist, welch wuchtige Wirkung eine konsequente Einrichtung hat. Bei weniger betuchten Kunden stehen schwere Schrankwände oder Polstermöbel der Stilrichtung Gelsenkirchener Barock nur als Einzelstücke zwischen den Pressspankommoden von IKEA oder Poco. Bei Frau Dammeier besteht die gesamte Einrichtung absichtlich aus diesen urbürgerlichen Ungetümen der fünfziger bis siebziger Jahre, was dem Haus eine erschlagend finstere Stimmung verleiht, gegen die selbst uralte Folgen von *Derrick* oder *Der Alte* noch wie kalifornische High-School-Komödien wirken.

«Rechner ist schon an», sagt Frau Dammeier. «Ich hole dann mal den Kaffee.» Ich lege die Jacke ab und setze mich. Das Büro hat sich verändert seit meinem letzten Besuch. Auf dem Sideboard an der rechten Seite steht jetzt ein Plattenspieler, angeschlossen an einen alten Verstärker, der sich seine braune Holzfurnierverkleidung mit den beige bespannten Boxen teilt.

Die linke Wand wird weiterhin von dem großen, schweren Bücherregal eingenommen. Es enthält jahrzehntealte Nachschlagewerke. Atlanten, Geschichtsbände, den Brockhaus in einer alten, in Kunstleder gebundenen Ausgabe. Frau Dammeier traut «diesem Wikipedia keinen Zentimeter über den Weg», seit sie erfahren hat, dass die Menschen, die dort Artikel bearbeiten oder löschen dürfen, gar nicht zwingend Fachleute auf dem jeweiligen Gebiet sein müssen, von dem der Artikel handelt. Um im größten Lexikon der Welt ein sogenannter Sichter oder gar Administrator zu werden, muss man lediglich eine bestimmte Anzahl von Beiträgen bearbeitet haben. Wovon sie handeln, ist dabei vollkommen unwichtig.

«Da kann so ein 19-jähriger Grünschnabel einen Bericht über Krebstherapie verschlimmbessern, den ein Mediziner geschrieben hat, weil der Grünschnabel schon in 400 Artikeln irgendein Wort bemäkelt hat, aber der Arzt hat dabei nichts zu sagen, weil er nur zwei Artikel im Lexikon hat, die aber mit Hand und Fuß?», regte sie sich auf. «Wo gibt's denn so was? Das ist ja so, als würde ich nicht zum Arzt gehen, wenn ich krank bin, sondern zum Dampfplauderer des Dorfes, weil der sich auf dem Marktplatz schon 400-mal häufiger zu irgendwas geäußert hat! Zu *irgendwas*!» Bei so einem Irrwitz, so Frau Dammeier, schaue sie lieber heute noch im alten Brockhaus nach.

Ich beginne mit der Installation des Programms. Immer wieder herrlich, wenn es noch CDs gibt, die man aus Kartons und Folien nesteln kann. So wie Musikfreunde vom haptischen Erlebnis der Schallplatte schwärmen, freuen wir Computermenschen uns über jede Software, die noch auf physischen Datenträgern angeliefert wird. Es muss knistern, es muss rascheln, es muss surren. Zu den Lieblingsobjekten in unserem Büro gehört daher für Wulf und mich auch das kleine DVD-Regal von IKEA, in dem wir auf echten Silberlingen sämtliche Betriebssysteme verwahren, von den üblichen Windows-Generationen über DOS 6.2 bis hin zu Exoten wie Xubuntu.

Der Monitor von Frau Dammeier reicht mir Fenster um Fenster zum Bestätigen. Frau Dammeier kehrt zurück und reicht mir den Kaffee. Ich rühre drei kleine Päckchen Sahne in die flüssige Nacht, die schwärzer ist als die tiefste Schlucht des Grand Canyons. Frau Dammeier hebt die Tasse. Sie trinkt pur.

Ich nehme den ersten Schluck. Schon im Mund entfaltet er seine Wirkung. 50 Gramm Koffein pro Quadratnanome-

Die Berechtigung, in der weltweit die Wahrnehmung domi-
nierenden Online-Enzyklopädie Artikel zu redigieren oder
zu löschen, ist in der Tat vollkommen unabhängig von der
Expertise der jeweiligen Person. «Sichter» wird jeder, der
mindestens 60 Tage Mitglied ist und wenigstens 300 Be-
arbeitungen vorzuweisen hat. Über den Sichtern stehen die
«Administratoren», die Benutzerkonten sperren und Artikel
löschen dürfen.

In der Praxis bedeutet dies, dass beispielsweise ein Musiker,
dessen Biographie schlichtweg falsch eingetragen wurde,
sein eigenes Geburtsdatum nicht korrigieren kann, weil er
bislang als Benutzer «nur» fünf Beiträge bearbeitet hat. Es
bedeutet, dass insbesondere in politischen und ideologi-
schen Fragen ein Ungleichgewicht allein dadurch entsteht,
dass nur eine ganz bestimmte Gruppe von Menschen überhaupt die Zeit hat, Stunden am Tag vor Wikipedia zu verbringen und somit in der Hierarchie aufzusteigen. Meistens
handelt es sich dabei um arbeitslose Akademiker aus dem
Bereich der Geisteswissenschaften. Einer tendenziell eher
linken Gesinnung wird damit der Schein von Objektivität und
Normalität verliehen. Ferner ist der Kreis der Menschen, die
eine der mit Abstand meistgelesenen Webseiten der Welt ge-
stalten, in Relation zur ihrer Reichweite und ihrer Objektivität
beängstigend klein.

Als Faustregel für die deutsche Wikipedia darf gelten: Sie ist
zuverlässig, wenn es um «harte» Wissenschaften geht. Ma-
thematische Formeln, physikalische Zusammenhänge oder
die korrekte Einordnung von Tieren und Pflanzen ist darin
gegeben. Der Darstellung von Lebensläufen, Werken jeder

Art oder gar geschichtlichen Zusammenhängen sollte man – vor allem, je zeitgenössischer sie sind – niemals als einziger Quelle trauen, sondern immer gegenprüfen. Eine Grundsatzdebatte tobt außerdem darüber, ob man das größte Lexikon der Welt eher «inklusiv» oder «exklusiv» betreibt, im Zweifel also jeden noch so nischenkleinen Eintrag zulässt oder eher nicht. Während im angelsächsischen Raum im Zweifel für den Beitrag entschieden wird, zensieren die deutschen Administratoren eher. So wurden etwa 450 sorgsam recherchierte Einträge zu kleinen Dorfkirchen und Kapellen in Nordrhein-Westfalen, die ein Rentner in seiner Freizeit erstellt hatte, vollständig aus dem Lexikon geworfen, weil ein einzelner User die Meute dahingehend aufgehetzt hatte, dem «Dorfkirchenwahnsinn» ein Ende zu setzen.

ter dringen über meine Schleimhäute in den Kreislauf ein. Die Ladung poltert meine Kehle hinab, und es gibt endgültig kein Halten mehr. Meine Ohren legen sich an, als stünde ich auf dem Deich bei Springflut. Mein Herz beschleunigt auf das Tempo eines alten Techno-Stückes aus der Hochzeit der Mayday. Meine Kopfhaut stößt genau auf der Mitte des Schädels Schweißperlen aus, als hätte sich zwischen meinen Haaren ein kleiner Geysir geöffnet.

«Ist der Kaffee okay?», fragt Frau Dammeier.

Ich nicke, die Augen geweitet wie bei einem Koboldmaki. Photoshop rutscht freudig auf die Festplatte wie ein deutsches Olympia-Doppel durch die Ziellinie der Bob-Bahn. Frau Dammeier zündet sich eine Zigarette an. Reval ohne Filter.

«Ich mach's uns mal gemütlich», sagt sie, stellt ihre Tasse ab und nestelt eine Platte aus der Hülle. Ein paar Sekunden später knistert es in den beige bespannten Boxen, und der alte Verführer Barry White brummt seinen Schlafzimmer-Soul in das dunkle Büro.

Wenn sie meint …

Photoshop ist fertig. Ich zeige auf den Bildschirm und bitte Frau Dammeier, irgendein Foto von ihrer Festplatte zu öffnen. Sie beugt sich an meiner linken Schulter vorbei über den Schreibtisch und reckt ihren Hals. Ihre Haut ist gegerbt und zerfurcht von Jahrzehnten engagierter Unterstützung der Tabakbauern, Bierbrauer und Kornbrenner dieser Welt. Zugleich hat sie ihren Körper seit der Erfindung der Sonnenbank täglich unter das wärmende Licht gelegt. Ein Zimmer weiter befindet sich ihr privates Solarium, direkt neben dem Zugang zum alten Partykeller mit der bestens bestückten Bar.

Sie klickt auf *Datei öffnen* und wählt einen Ordner mit Hunderten von Bildern an. Aufbewahrt werden die digitalen Andenken in sauber beschrifteten Ordnern mit markanten, unverwechselbaren Bezeichnungen wie «Fotos», «Bilder» oder «2012».

Frau Dammeier öffnet ein Bild.

Es dauert ein paar Millisekunden, bis mir klarwird, was ich da sehe. Ich wollte eigentlich schon anfangen, ihr anhand des Bildes ein paar Grundfunktionen ihrer neuen Software zu erklären, als mein Gehirn das Stoppschild zückt. Das Bild zeigt keine zerklüftete Vulkanlandschaft, wie ich zuerst dachte, sondern Frau Dammeiers nackten Körper, abgelichtet vom Venushügel bis zu den Brüsten.

Die Kamera ist sanft auf ihrer Schambehaarung abgelegt worden, sodass der Blick dem Pfad entlang des Bauches samt Nabel und Solarplexus bis zum Fuße der zwei naturgemäß

nach 78 Jahren etwas unebenen Brüste folgt. Die Brustberge
sind kakaobraun. Unter dem Solarium trägt Frau Dammeier
augenscheinlich keinen Bikini.

Ich weiß nicht, was ich sagen soll.

Frau Dammeier sagt: «Oh.»

Barry White brummt: «Baby, I've got staying power …»

Meine Kundin schließt das Bild wieder. Ich habe keine Ahnung, ob sie rot geworden ist, da man es bei ihrem Bräunungs-
grad nicht erkennen könnte.

Ich sage: «Haben Sie noch ein anderes Bild?»

Frau Dammeier sagt: «Aber natürlich …»

Verlegen wie eine Katze, die sich als Übersprunghandlung putzt, nehme ich noch einen Schluck vom Kaffee aus der schwarzen Schlucht. Es fühlt sich an, als würde sich die Weltgeschichte vor meinem inneren Auge im Schnelldurchlauf abspulen. Adam, Eva, Dinosaurier, Komet, Quastenflosser, Pyramiden, Kathedralen, Hochhäuser.

Frau Dammeier öffnet ein anderes Bild.

Dasselbe Motiv, nur exakt andersherum. Diesmal hat der Fotograf die Linse in ihrer Halsmulde abgelegt und man schaut von oben durch den Canyon der Brüste in Richtung des kleinen Wäldchens aus Schamhaaren, das sich am Ende des Horizonts aus der Landschaft erhebt.

Frau Dammeier sagt wieder: «Oh.»

Barry White brummt wieder: «Uh Baby, staying power …»

Ich sage: «Womöglich in einem anderen Ordner gucken?»

«Ja.»

Frau Dammeier schließt das Foto und klickt eine Ebene zurück. Ihre Foto-Ordner sind nicht nach Themen, sondern nach Jahren sortiert. Sie beginnen mit 1999, als Frau Dammeier mit der digitalen Fotografie begann. Sie klickt auf den Ordner von 2008. Da wurde sie siebzig. Wahrscheinlich ist das Ding voller Fotos von der Geburtstagsfeier. Solche Motive sehe ich ständig bei Kunden, wenn sie mal eben «irgendein Bild» öffnen sollen.

Die Deutschen lichten gerne Landschaften ab, das stimmt schon. Wir sind das Land Caspar David Friedrichs und auch das des röhrenden Hirschs über dem Sofa. Das Land der Grimm'schen Märchen, der tiefen Wälder und des Moseltals. Aber noch viel häufiger als Weinberge oder scheues Wild knipsen die Deutschen ihre Verwandtschaft und sich selbst beim Feiern. Rote Wangen, rote Augen, roter Wein. Und trotz 80 Trilliarden Megapixeln und Full-HD schaffen sie es immer noch, dass diese Bilder verwackelt und verwaschen sind wie vor 35 Jahren.

Frau Dammeier klickt auf ein Bild. Gemeinsam starren wir es an.

Nicht dass wir uns missverstehen. Ich bin ein Freund des regen Sexlebens bis ins höchste Alter, in allen Kombinationen von Herkunft, Geschlecht und Vorlieben, die den Menschen ein Wohlgefallen sind. Und ich hasse Altersdiskriminierung, ganz generell. Der beste IT-Fachmann, den ich bis heute kennengelernt habe, wurde kürzlich 75 und bildet sich noch heute schneller fort, als ich es schaffe. Georgina Harwood aus Kapstadt, die kürzlich zu ihrem 100. Geburtstag einen Fallschirmsprung gemacht hat und «alte Leute» nicht mag, da sie «nur von Krankheiten reden, bis man vom Zuhören selber krank wird», ist eine Heldin für mich.

Aber ein detaillierter Einblick in Frau Dammeiers Vagina, die das ganze Bild ausfüllt – dieses Mal unverwackelt in feinster Präzision –, löst bei mir einen derartigen Schamanfall aus, dass meine Ohren augenblicklich auf 125 Grad Celsius erhitzen. Vielleicht bin ich aber auch einfach nur zu prüde.

Wenn man Generationen danach benennt, in welchem Jahr sie um die 20 Jahre jung und in ihrer wildesten Zeit waren, bin ich ein 94er. Meine wilde Zeit bestand aus Kurt Cobain, großkarierten Hemden, stilvollen Killern bei Quentin Tarantino. Der Gipfel der Erotik waren die Zehen von Uma Thurman und die subtile Sinnlichkeit von Counselor Deanna Troi auf dem neuen Raumschiff Enterprise. Frau Dammeier ist nicht subtil. Sie ist eine 58erin. James Dean, Elvis Presley und der völlig versaute Little Richard. Nach zehn Jahren Rock 'n' Roll ist sie mit dreißig wahrscheinlich nahtlos in die 68er übergegangen.

Frau Dammeier sucht mit dem Mauszeiger nach dem Drop-Down-Menü, um das Foto wieder zu schließen. In aller Ruhe. Hätte *ich* einem Fremden gegenüber versehentlich ein Vollbildporträt meines Fortpflanzungsorgans geöffnet, würde ich nicht in aller Ruhe das Drop-Down-Menü suchen. Ich würde auf gerader Linie zum «X» eilen, welches das ganze Programm schließt. Oder mich direkt auf den Monitor werfen wie ein Footballer auf das Ei. Mal davon abgesehen, dass ich keine Bilder meines Fortpflanzungsorgans besitze. Man weiß schließlich nie, wer sie am Ende zu Gesicht bekommt.

Das Foto ist geschlossen und der Bildschirm wieder grau.

Ich räuspere mich und sage: «Wie Sie gesehen haben, ist die Auflösung phantastisch.»

Frau Dammeier sagt: «Ich bin in vollem Umfang befriedigt.»

Barry White knistert in der Rille.

Mein Handy klingelt. Es ist Dieter.

Üblicherweise würde ich ihn mindestens drei Mal anrufen lassen, bevor ich zurückrufe. Obschon er so viel gelernt hat, mich als «Zauberer» bezeichnet und meine Anleitung zum selbständigen Retten des verschwundenen Internets mittlerweile beherrscht, hat er doch immer noch die Schwäche, zu glauben, er sei grundsätzlich der wichtigste Anrufer von allen. Dieter muss erzogen werden. Immer weiter, obwohl es natürlich unmöglich sein wird, ihn jemals ganz zu zähmen.

Dieses Mal mache ich eine Ausnahme und gehe umgehend ran.

«Spielbusch?»

Dieter sagt: «Du glaubst nicht, was jetzt wieder los ist!»

Ich springe auf und sage: «Das können wir sehr gerne jetzt in aller Ruhe noch mal gemeinsam durchgehen. Ich bin hier fertig.»

Frau Dammeier räumt den Kaffee ab.

Barry White wuchtet die Nadel aus seiner Rille.

Bis ich den Kiesweg wieder hinabfahre, nehme ich das Telefon keine Sekunde vom Ohr. Dieter tobt. Es geht nicht um die Fritz!Box, das Netz oder überhaupt um Computertechnik. Es geht um die Dorfgemeinschaft. Genauer gesagt: Um den alten Wullbrock. Der Mann, der Dieter gebeten hat, die Räder und Reifen vom Herbert Knüver «ganz aus Versehen» kaputtgehen zu lassen, um «den Anfängen zu wehren», da der Knüver in dem kleinen Ort eine Filiale von Pegida aufmachen will.

Ich höre zu, intensiv.

Weil es tatsächlich spannend ist und um mich weiter abzulenken von dem, was ich heute zwischen Reval ohne Filter und dem stärksten Kaffee der Welt gesehen habe. Während Dieter sich im Hörer austobt, schaue ich in den Rückspiegel, aus dem Frau Dammeier langsam verschwindet, winkend in ihrer Haustür stehend.

«Okay, jetzt der Ordner Briefe. Nur verschieben, ja? Nicht gucken!»

Frau Weiß sitzt in der Werkstatt neben Wulf und gibt Anweisungen. Das nächtliche Telefonat mit dem Experten in Kalifornien, das Wulf neulich geführt hat, ergab auch keine Lösung für ihren Rechner, der seit Monaten bei uns ist. Wir trösten uns damit, dass auch die besten Ärzte der Welt manche rätselhafte Krankheit nicht heilen können, und haben uns geschlagen gegeben.

Die Mission, den Computer von Frau Weiß auf normale Art wieder zum Hochfahren zu bewegen, ist gescheitert. Nun geht es an die mühselige Aufgabe, die Daten auf den Festplatten so vollständig es eben geht zu retten. Manchen Kunden, meistens Männern, ist es dabei vollkommen egal, ob die Ordnerstruktur, die sie sich im Computer aufgebaut haben, wirklich erhalten bleibt. Sie sagen: «Das sortiere ich später» und meinen damit: «Das sortiere ich nie. Hauptsache, Sie retten meine Spielstände von *Fußball Manager*.» Frau Weiß allerdings möchte, dass Wulf ihr die Struktur ihrer alten Platten auf den neuen so genau nachbaut wie ein Restaurateur das Berliner Schloss.

«Ich kann das auch selber wieder sortieren», sagt Frau Weiß. «Sie holen es raus, ich sortiere.»

«Schon gut», sagt Wulf. «Service.»

Die Worte zwei, drei und vier am heutigen Tag. Wort eins war seine Begrüßung von Frau Weiß heute Morgen mittels eines schlichten, schönen, simplizistischen «Hallo».

«Gut, dann aber nicht gucken!»

Wulf brummt. Er guckt nicht. Wir gucken nie.

Das kann ich jedem versichern.

■ BITTE ABSPEICHERN ■

Einige Kunden wohnen den Datenrettungen auf ihren Rechnern stunden- oder tagelang bei, weil sie die Angst umtreibt, wir würden alle ihre Fotos, Tagebücher, Mail-Korrespondenzen und heimlich verfassten Gedichtzyklen lesen, sobald sie das Gebäude verlassen haben. Seien Sie versichert: Das tun wir nicht. Der Grund? Vertrauen. Ist das bei einem Kunden durch eine solche Indiskretion so kolossal erschüttert, würden wir dadurch ja nicht nur diesen einen, sondern gleich sehr viele Kunden verlieren. Denn zumindest hier im ländlichen Bereich spräche sich dieser Verrat schnell herum.

Woran der Kunde merken soll, dass wir in seinen Daten herumgeschnüffelt haben? Am Zeitstempel, den jede Datei hat und der verzeichnet, wann ein Dokument zuletzt geöffnet wurde. Zweifler könnten nun anmerken, dass Experten wie Wulf und ich fähig sind, den Zeitstempel einer Datei zu manipulieren. Das ist richtig. Allein: Das ist alles Arbeit. Einfache, aber zeitfressende Arbeit. Mal abgesehen davon, dass das Spionieren selber bereits Zeit kostet. Und wenn wir eines in unserem Berufsalltag nicht haben, dann ist es was? Richtig.

Wulf verschiebt Datei für Datei.

Frau Weiß nippt an ihrem Kaffee.

Jonas tippt still und schweigend auf seinem Laptop Zeile um Zeile in Microsoft Word 97-2003 unter Windows XP hinein. Er schreibt immer noch an seinem Buch. Ob es von seinen Verschwörungstheorien handelt oder seinem Leben mit uns, will er noch nicht verraten. Ich hake nicht weiter nach, da ich froh bin, wie ruhig es dadurch im Foyer geworden ist. Im Radio sprechen sie seit heute Morgen von einer Bombendrohung, die den Flughafen Münster-Osnabrück lahmgelegt hat. Sämtliche Flüge wurden gestrichen und das Gelände evakuiert. Vor mir liegt die Tageszeitung mit dem Artikel, von dem Dieter mir gestern am Telefon berichtet hat. Es ist in der Tat unglaublich. Im Lokalteil für die Gemeinde steht: *Kfz-Mechaniker hilft braunem Mob.*

Ich schaue auf und fasse diesen Irrsinn kurz Jonas gegenüber zusammen. Obwohl ich froh darüber bin, dass es mit seiner Paranoia an der Bürowand ein Ende hat, muss ich über diesen Angriff auf Dieter reden.

Jonas steht auf, nimmt sich die Zeitung und liest den kleinen Beitrag ebenfalls. Er fragt: «Und der Dieter hat nichts weiter getan, als dem Knüvel wie immer die Räder zu wechseln?»

«Nichts weiter», nicke ich. «Das hat dem alten Wullbrock nicht gepasst. Da rennt der zur Zeitung und macht einen auf Stasi. Obwohl er nicht einmal eine echte Schuld erspitzelt hat. Und die drucken das!»

Jonas schüttelt den Kopf. «Das klappt mit jedem, wenn man will», sagt er. «Mit absolut jedem.»

«Was?»

«Die Verleumdung als Nazi.»

«Bei mir klappt das nicht», sage ich.

«Soll ich mal versuchen?»

«Nur zu!»

«Gut.» Jonas überlegt. Dann beginnt er seinen Vortrag: «Hinweise mehren sich, dass der umstrittene IT-Berater Philipp Spielbusch – das Wort *umstritten* muss immer früh fallen –

es bei der Auswahl seiner Kunden nicht ganz so genau nimmt. So steht er weiterhin stramm wie ein Soldat zu Kfz-Mechaniker Dieter Wollscheid, der, wie letzte Woche berichtet, zum Sympathisantenkreis der fremdenfeindlichen Kräfte in der Gemeinde Drensteinfurt zählt. Auch sein Kunde Gottfried Grütering ist bislang nicht durch besonders modernes Denken aufgefallen. Der Eigentümer des Holzgroßhandels und Landmarkts für Garten- und Tierbedarf betreibt sein Geschäft seit Jahrzehnten in patriarchalischer Gutsherrenart. Soll ich weitermachen?»

Mir steht der Mund offen.

«So läuft das heute», sagt Jonas.

«Und hier jetzt ganz besonders nicht gucken!», sagt Frau Weiß nebenan.

Am Kreisverkehr hupen sie wieder. Im Radio spielen sie «Don't Be So Shy» von Imany.

Das Telefon klingelt. Die Nummer vom alten Grütering. Mein patriarchalischer Gutsherrenkunde, der mich bei der Presse-Stasi in Verruf bringen könnte.

«Wenn man vom Teufel spricht», sage ich und gehe dran. Grütering klingt absolut panisch, wie ich ihn noch nie gehört habe. Seine Stimme ist drei Oktaven höher geworden.

«Herr Spielbusch, kommen Sie schnell!»

«Was ist denn los? Steht die Antifa bei Ihnen vor der Tür?»

«Wie bitte? Nein. Ich habe die Polizei hier im Landmarkt. Und nicht bloß die Polizei, sondern ein Sondereinsatzkommando.»

«Ein was?» Das ist doch ein schlechter Scherz.

«Die Beamten behaupten, die Drohung gegen den Flughafen in Münster heute Morgen, die wäre von meinem Computer ausgegangen. Direkt hier vorne, an der Theke.»

▀ DIE FESTPLATTENSPIEGELUNG ▀

Selbst wenn sorgsame Männer wie wir nach einem totalen Crash der Festplatten fähig sind, die Dateien zu retten und die Ordnerstruktur wiederherzustellen, bedeutet das nicht, dass das gesamte System bei einer Neuaufspielung wieder so aussieht wie vorher. Der Desktop zum Beispiel ist wieder vollkommen jungfräulich. Die individuelle Art, wie der Kunde seinen digitalen Schreibtisch gestaltet hat, ist ebenso verschwunden wie gespeicherte Passwörter, persönliche Einstellungen und häufig auch die berühmten und geliebten Spielstände.

Wer sich das ersparen möchte, sollte sein System regelmäßig mit Hilfe einer Spiegelungssoftware sichern. Diese Programme sorgen nicht nur dafür, dass Daten erhalten bleiben, sondern spiegeln tatsächlich das gesamte System, so wie es ist, in seinem Zustand an Tag X. Das bedeutet natürlich auch, dass bei einer Wiederherstellung des Systems alle Daten, die nach dem betreffenden Zeitpunkt erstellt und gespeichert wurden, nicht enthalten sind. Deshalb ist eine Kombination aus Spiegelung und Echtzeit-Datensicherung die optimale Lösung.

«Haben Sie denn Terroristen in Anstellung?»

«Herr Spielbusch! Damit macht man keine Scherze!»

«In welcher Form ging die Drohung denn raus? Und was soll ich jetzt machen?»

«Warten Sie, der Beamte steht hier neben mir. Ich gebe den Hörer weiter.»

Na super. Kaum lässt das Finanzamt mich in Ruhe, habe ich die Anti-Terror-Einheit an der Strippe. Und die Zeitung kann bald schreiben: «Umstrittener IT-Berater in Anschlags-drohung auf Flughafen Münster-Osnabrück verwickelt.»

Eine kernige Männerstimme erklingt im Hörer. Eine Stim-me, die sich so anhört, als hätte ihr Betreiber stets ein Messer im Stiefel und wenn schon nicht die Lizenz zum Töten, so doch die zum Anritzen von Bösewichten gleich mit.

«Sie sind der Leumund?», fragt er mich, ohne sich groß vor-zustellen.

«Ich bin der IT-Dienstleister für Herrn Grütering. Spiel-busch mein Name.»

«Herr Spielbusch, die Anschlagsdrohung gegenüber dem Flughafen ist hier von diesem Rechner abgegangen. Das kann ich Ihnen versichern.»

«Und ich kann Ihnen versichern, dass Herr Grütering kein Terrorist ist. Und auch keiner seiner Angestellten. Das sind alles katholische Jungs aus dem Dorf.»

«Kommen Sie hierher», befiehlt das staatliche Stiefelmesser.

«Jawohl», gehorche ich instinktiv. Es sollte nicht einmal iro-nisch klingen. Ich erschrecke über mich selber. Womöglich tragen wir Männer alle ein Gen in uns, das uns Alpha-Tieren gegenüber willensschwach macht. Peinlicher Gehorsam al-lerdings hin oder her, der alte Grütering braucht meinen Bei-stand.

Ich schnappe mir meine Tasche und rufe nach nebenan: «Muss zum Landmarkt Grütering, wegen der Terrordrohung.»

«Ist gut», antworten Wulf und Frau Weiß zugleich, ver-sunken in den Dateien. Ich hätte genauso gut sagen können, dass ich den Rest des Tages seltene Pokémons auf dem Mittel-streifen der Autobahn jage.

«Soll ich mitkommen?», fragt Jonas.

Ich sage: «Lass mal überlegen. Kann ich bei der Entlastung

des alten Grütering gegenüber misstrauischen Anti-Terror-Beamten einen Verschwörungstheoretiker brauchen, der davon überzeugt ist, dass man die Bilderberger aufhalten muss? Ich glaube eher nicht.»

Jonas streckt mir die Zunge heraus.

Ich eile zum Wagen.

Auf dem sonst so friedlichen Parkplatz des Landmarkts sieht es aus wie am Mordschauplatz eines Hollywood-Krimis. Mehrere schwarze Limousinen und SUVs stehen herum, dazu ein normaler Polizeiwagen aus der Gemeinde sowie ein paar Dutzend Schaulustige, die von Beamten abgehalten werden, den Landmarkt zu betreten. Ein paar Hausfrauen mit vom Einkauf vollgepackten Fahrradkörben tratschen aufgeregt miteinander. Kinder schießen einen bunt bedruckten Kunststoffball hin und her. Die Dorftrinker nippen unter dem Vorfahrt-achten-Schild an ihren Bierflaschen und fühlen sich bestens unterhalten.

Vor der Theke des Landmarkts steht Gottfried Grütering wie ein begossener Pudel zwischen den Beamten. Ich vermute, der Größte von ihnen ist der Mann, mit dem ich telefoniert habe. Er trägt seine grauen Haare wie ein Rechteck auf dem kantigen Kopf. Manfred, der Gemeindepolizist, war bis eben mit ihm ins Gespräch vertieft, zeigt nun auf mich und nimmt mich in Empfang.

«Philipp, gut, dass du da bist. Ich habe Herrn Schrang vom Einsatzkommando bereits gesagt, dass es keiner hier vom Landmarkt gewesen sein kann.»

So heißt also das versteckte Messer des Staates. Herr Schrang. Ich gebe ihm die Hand oder besser: Er drückt meine Finger zusammen wie eine Autopresse. Dann führt er mich schnurstracks hinter die Theke zum Rechner.

«Wenn ich ehrlich sein soll, tendiere ich dazu, Ihnen allen zu glauben», sagt er zu meiner Überraschung.

«Wieso das?», frage ich.

Er greift zur Maus und öffnet ein Fenster. Das Mailprogramm des Computers. Eine alte Outlook-Version. In den gesendeten Objekten liegt offen und kackfrech die Bedrohungspost gegen den Flughafen. Ich lese die kurze, durchaus bedrohliche Nachricht.

Herr Schrang sagt: «Weil niemand so dämlich wäre, die Mail nicht wenigstens aus dem offen sichtbaren Postausgang zu löschen.»

«Sehen Sie!», sagt der alte Grütering.

«Es muss also jemand Fremdes gewesen sein, der lediglich diesen Rechner genutzt hat», sagt Herr Schrang. «Ich frage mich allerdings, wie das gehen soll.»

Ich denke daran, wie es hier üblicherweise aussieht, wenn man den Landmarkt betritt. Es ist nie, absolut nie jemand anwesend. Der Kühlschrank, die Grillkohle, der Giftschrank, das Regal mit den Paketen des integrierten Hermes-Shops – alles liegt grundsätzlich verlassen da. Wer schon im Baumarkt denkt, es sei unmöglich, jemals einen Angestellten zu finden, muss diesen Landmarkt besuchen.

Ich male das Bild der Einsamkeit gegenüber dem Beamten in allen schillernden Farben aus. Herr Grütering will widersprechen, das sehe ich ihm an. Wie kann er auf sich sitzen lassen, dass seine Angestellten während der Arbeitszeit nur dann hinter der Pferdestreu hervorkriechen, wenn ein Kunde sie ausgiebig verzweifelt ruft? Der alte Grütering würde das gerne richtigstellen, doch Dorfpolizist Manfred hält ihn taktisch klug zurück.

«Gut», sagt Herr Schrang, «es kann also jeder hier hereinspazieren und an den Computer gehen, wie er möchte. Aber als wir das gerade wollten, musste dieser junge Mann da erst mal ein Passwort eingeben.»

Herr Schrang zeigt auf einen verschüchterten Jungen, der sich seine Brötchen und seinen Mofasprit mit dem Jobben für den alten Grütering verdient, der ja bekanntermaßen selbst sein Büro im Privathaus hinten nie verlässt.

Ich winke den Jungen herbei: «Wie heißt du?»

«Kevin.»

«Gut, Kevin. Ich melde den Nutzer jetzt eben vom Rechner ab, okay?»

Kevin nickt.

Auf dem Rechner erscheint der Anmeldebildschirm. In der Spalte für den Nutzernamen ist bereits «Landmarkt» voreingestellt. Die Spalte für das Passwort ist nun natürlich frei.

«Kevin. Findet ein Mensch, der hier hereinkommt und ungefragt an den Rechner geht, dieses Anmeldemenü vor?»

«Wir gehen nie nach hinten, ohne uns abzumelden!»

«Gut. Kevin, ich möchte, dass du dich hier vor den Augen des Beamten anmeldest, und zwar so, dass alle das Kennwort, das du eintippst, sehen. Könnt ihr ja später ändern.»

«Okay …», sagt Kevin zaghaft und tippt.

Tippt, ohne sich zu schämen und in aller Seelenruhe die Kombination zur Entsperrung des Rechners ein. Sie lautet: 123456.

Herr Schrang bekommt ganz schmale Lippen. Dorfpolizist Manfred schüttelt den Kopf. Herr Grütering fragt: «Was? Was ist denn?»

Herr Schrang sagt trocken: «Die Kombination Ihres offen herumstehenden Rechners lautet eins, zwei, drei, vier, fünf, sechs.»

Verrückte Zeiten

Der alte Grütering schaut seinen jungen Aushilfsjungen an, als wolle er ihn mit Grillanzündern mästen und dann das Feuerzeug dranhalten.

«Das wussten Sie nicht?», fragt Herr Schrang.

«Sehe ich aus, als würde ich solche Passwörter benutzen? Bei mir im Büro gebe ich mein Geburtsdatum ein. Herrschaftszeiten!»

◼ DAS PASSWORT ◼

Der sensationell geschützte Rechner in dieser Geschichte ist kein Einzelfall, sondern die Regel. Ob in kleinen Geschäften, großen Büros oder dem Gewusel von Universitätsbibliotheken, in denen die Studierenden ihren Laptop eine Weile aus den Augen lassen, wenn sie auf die Toilette gehen – überall stehen Systeme herum, die gesichert sind wie eine Geldbörse in einer Badeshorts auf der Wiese im Freibad. Zu den weltweit am häufigsten genutzten Passwörtern gehört die Zahlenreihe von eins bis acht, «porsche», «cool», «firebird» und das schlichte, schöne «password».

Im alltäglichen Gebrauch sollte man darauf achten, seine Passwörter nicht aus Begriffen und Zahlen zusammenzusetzen, die in engem Zusammenhang mit persönlichen Daten stehen, die sich leicht herausfinden lassen, wie Geburtstage, Automarken oder etwa die Namen der Haustiere, Ehepartner und Kinder. Ebenso wichtig ist es, sie nicht im Browser zu speichern und nicht für sämtliche Geräte und Anwendungen immer dasselbe Passwort zu benutzen. Der Grund liegt auf der Hand: Hat einer das Passwort geknackt, könnte er somit auf einen Schlag Zugriff auf alle Anwendungen und Accounts haben.

Ebenso große Vorsicht ist beim Festlegen von PINs gegeben,

etwa fürs Handy oder für die EC-Karte am Geldautomaten. Hier stellen Leute gerne aus Bequemlichkeit besonders einfache oder symmetrische Kombinationen ein und erhöhen somit unnötig die Wahrscheinlichkeit, dass ein Kartendieb die PIN allein schon durch Herumprobieren herausfindet. Da Geldbörsen wenn, dann meistens am Stück gestohlen werden, ist auch hier nicht ratsam, die eigenen Geburtsdaten als PIN zu verwenden, da der Taschendieb sie leicht vom Personalausweis ablesen kann. Die Liebe zum einfachen und dann gleich auch noch überall zugleich verwendeten Passwort ist natürlich der stärksten Kraft im menschlichen Dasein geschuldet: der Bequemlichkeit.

«Nun denn», sagt Herr Schrang. «Fürs Erste sieht alles danach aus, als sei es tatsächlich ein Fremder gewesen. Bei diesem sensationellen Schutz.»

Kevin fragt, die Finger auf den Tasten: «Wäre landmarkt123 als Passwort okay?»

Wir stehen noch eine Weile zwischen den Holzscheiten, der Gartenkleidung und den Katzentransportboxen beisammen. Der alte Grütering, der Beamte Schrang, der Dorfpolizist Manfred und ich. Alle lassen sich von mir neue Passwörter für ihre Mobiltelefone und Computer empfehlen. Sogar der Spezialeinsatzleiter mit dem Messer im Stiefel.

Auf dem Vorplatz löst sich die Dorfgesellschaft aus Hausfrauen, Kindern und Trinkern langsam auf. Der alte Grütering wird glimpflich davonkommen, denke ich. Zur Not stehe ich jederzeit als Leumund parat. Was macht man nicht alles für seine Kunden?

Auf dem Rückweg ins Büro frage ich mich, ob die Zeiten tatsächlich wahnsinniger werden oder ich nur älter. Kaum zwanzig Jahre ist es her, dass das Internet für alle Menschen sich ganz langsam etablierte. Ich erinnere mich an eine Sendung mit den alten Veteranen Wolfgang Back und Wolfgang Rudolph vom WDR Computerclub, live von der CeBit in Hannover im Jahr 1995. Es war das erste Mal, dass eine Übertragung «live im Internet» möglich gemacht wurde, was damals bedeutete, die Sendung wurde natürlich nicht an Millionen von Menschen vor einfach zu bedienenden, schnellen Rechnern übertragen, sondern an lediglich hundert (!) sogenannte MBone-Anschlüsse, von denen es damals auf der ganzen Welt auch tatsächlich nur diese hundert gab. Das World Wide Web, wie wir es heute kennen, war noch nicht zu betreten.

Doch bereits seit den späten Achtzigern tauschten Kenner über das FidoNet elektronische Post miteinander aus. Firmen, Journalisten oder solvente Privatleute zahlten teure Abonnementpreise für die Nutzung des Online-Portals Compuserve, das vieles des heute vertrauten Internets für seine Nutzer vorwegnahm. Das alles klingt fern und sieht, wenn man sich die alten Sendungen aus den Archiven bei YouTube noch mal ansieht, noch viel ferner aus. Dabei ist es erst gute zwanzig Jahre her. Bloß zwei Jahrzehnte.

In einer Zeit, die in der Rückschau so antiquiert wirkt wie eine Zukunftsvision aus der Stummfilmära, war ich bereits ein erwachsener Mann. Ich weiß nicht, ob ich das beruhigend oder furchtbar finden soll.

Um mich abzulenken, öffne ich das Fenster und drehe zugleich das Radio lauter. Der eine Sender spielt Musik, für die ich zu alt geworden bin. Bei dem anderen laufen gesetzte «Oldies» aus meiner Jugend, für deren nostalgisch-geruhsamen Genuss ich mich noch zu jung fühle.

Hinter den Instrumenten meines modernen Autos prozessieren die Nullen und Einsen, da piept der Wagen plötzlich und leitet eine Bremsung ein. Eine junge Frau ist auf die Straße gelaufen, das Smartphone in der Hand, den Blick durch das Display in die Luft gerichtet. Sie jagt ein Pokémon.

Vielleicht hat Jonas ja recht und es hängt alles mit allem zusammen, gesteuert aus irgendeiner Zentrale. Oder es ist alles nur Zufall; eine Entwicklung, die vor zwanzig, dreißig Jahren wie eine Lawine ins Rollen gekommen ist und die niemand mehr aufhalten kann. Evolution im Zeitraffer. Die junge Frau jedenfalls, die nur in Gefahr geraten ist, weil es das Smartphone gibt, wird von mir nur deshalb nicht übersehen und überfahren, weil es das moderne Computercockpit gibt.

Sie winkt entschuldigend und kehrt mit hochrotem Kopf auf den Bürgersteig zurück.

Ich gebe wieder Gas und bin gespannt auf alles, was da noch kommt.

MEIN DANK GILT ...

Meiner Frau Mareike und meinen Kindern Jule und Finn für ihre Unterstützung und die vielen zeitlichen Opfer, weil der Alte mal wieder zum Notfall fahren oder die Nacht durcharbeiten muss. Ohne meine Frau wäre die Firma Philipp Spielbusch Computer und somit auch dieses Buch überhaupt nicht möglich. Sie hält mir komplett den Rücken frei, was als berufstätige Mutter von zwei Kindern eine unglaubliche Leistung ist. Mareike, ich liebe dich!

Meiner Lektorin Susanne Frank für größtmögliche Geduld mit einem Neuling im Bereich des Bücherschreibens.

Meinem Freund und Kollegen Björn Wiegner fürs Wulf-Sein im realen Leben und den Humor, seine leicht zugespitzte Verarbeitung in diesem Buch zu erlauben.

All meinen Kunden, auch und gerade dann, wenn sie mich in den Wahnsinn treiben und somit unterhaltsame Geschichten anstoßen.

Dem Autorenduo Sylvia Witt und Oliver Uschmann für die wertvolle Unterstützung und ihr Dasein als Kunden, deren extrem ungewöhnliche Fragen und Anliegen diesen Beruf stets von neuem spannend halten.